Wolfgang Wittmann

Mühlviertel

Wanderungen zwischen Donau und Böhmerwald

51 ausgewählte Touren

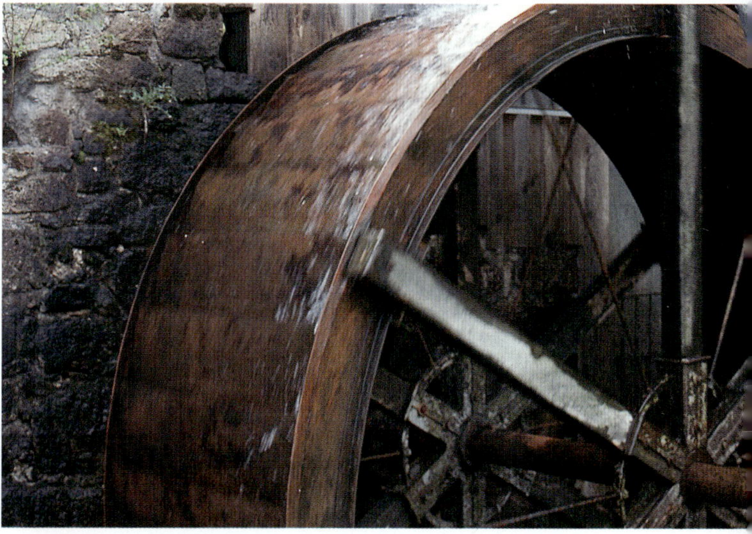

VORWORT

Obwohl seit Langem beliebtestes Ausflugs- und Erholungsgebiet der Bewohner des Zentralraums rund um die oberösterreichische Landeshauptstadt Linz, gehört das Mühlviertel, der Landesteil nördlich der Donau, nicht nur im Ausland, sondern auch in weiten Teilen Österreichs zu den touristisch wenig bekannten Regionen.

Weitgehend noch immer gepflegtes Bauernland mit meist kargem Wirtschaftsboden, bietet es mit kleinflächigen, abwechslungsreichen Strukturen von Feldern, Wiesen und Wäldern auf rauen Hochflächen, in tief eingeschnittenen Tälern mit steilsten Hängen, bizarren Steingebilden und schäumenden Flüssen oder in einsamen Wiesenmulden mit stillen, beschaulichen »Wasserln« ideale Voraussetzungen für Erholung und Freizeitaktivitäten. Von Felsen überragte Waldgipfel, mit Ruinen, Schlössern, Kirchen oder Aussichtswarten gekrönte Kuppen, einsame, fast menschenleere Gegenden mit malerisch gelegenen Einzelhöfen, dann wieder schmucke, originelle Ortschaften mit alten Häusern, oft in der noch weit verbreiteten Steinbloß-Bauweise, einzigartige bäuerliche Jausenstationen und Bauernwirtshäuser sowie Kulturschätze fast in jedem Ort – das alles erwartet den Wanderer im Mühlviertel. Mehrere Weitwanderwege und eine Fülle von regionalen oder lokalen Routen wurden im Mühlviertel für Wanderer markiert und beschildert. Auch Reitwege, Mountainbikestrecken und Radrouten durchziehen das Land. Im Winter kann man hier ideal Schneeschuh- und Skiwandern sowie langlaufen auf vielen gespurten Loipen.

Als Mitarbeiter der im mittleren Mühlviertel ansässigen und dort tätigen Alpenvereinssektion Rodlland haben der inzwischen leider verstorbene Johann Lenzenweger und ich 50 schöne Wanderrouten und eine mehrtägige grenzüberschreitende Tour ausgewählt, die dazu beitragen sollen, die herbe Schönheit dieses attraktiven und erholsamen oberösterreichischen Landstrichs nördlich der Donau möglichst vielen Menschen nahezubringen. In der neuen Ausgabe wurde auch versucht, den öffentlichen Verkehr zur An- und Abreise verstärkt einzubinden. Ich wünsche Ihnen viele schöne Wandererlebnisse auf den Wanderwegen in unserer »buckligen Welt«!

Zwettl/Linz, im Herbst 2021 Wolfgang Wittmann

LIEBE LESERINNEN, LIEBE LESER,

infolge der Corona-Krise können sich Änderungen ergeben haben, die bei Redaktionsschluss noch nicht absehbar waren. Soweit möglich, werden wir aktuelle Hinweise unter www.rother.de (beim Buch) zur Verfügung stellen. Bitte informieren Sie sich vor der Wanderung zusätzlich über die derzeitigen Gegebenheiten.
Sollten Sie geänderte Gegebenheiten vor Ort feststellen, freuen wir uns über Korrekturhinweise per E-Mail an leserzuschrift@rother.de.

INHALTSVERZEICHNIS

Vorwort 3
Übersichtskarte 6
Top-Touren 8
Wichtige Hinweise für unterwegs 10
    Schwierigkeitskategorien 10
    Symbole 15
    Abkürzungen 18

Zur Region 20

Oberes (westliches) Mühlviertel (Bezirk Rohrbach)

Nr.	Zeit	Tour	Seite
1	5.15 h	Donauleiten, Rannatal und Ranna (Fluss, Stausee)	32
2	5.00 h	Schlögener Donauschlinge	36
3	5.30 h	Panoramatour im Passauer Wald	40
4	4.00 h	Hoch über der Kleinen Mühl	44
5	4.00 h	Aussichtsreiches am Böhmerwald	46
TOP 6	7.00 h	Dreiländerrunde zum Plöckenstein	49
7	9.00 h	Diesseits und jenseits des Böhmerwaldkamms	52
8	4.45 h	Im Gebiet der Schlägler Chorherren an der Großen Mühl	56
9	7.00 h	Auf dem Waldsteig durch den Böhmerwald	58
10	3.45 h	Große Mühl und Schwemmkanal	60
11	5.15 h	Erlebniswelt Granit und Schwarze Kuchl	62
12	9.30 h	Pesenbach, Wimbergrücken und Große Mühl	65
13	5.20 h	Museen und die Steinerne Mühl im Weberland	70
14	5.15 h	Zur Helfenberger Hütte	72

Mittleres Mühlviertel (Bezirk Urfahr-Umgebung)

Nr.	Zeit	Tour	Seite
TOP 15	3.00 h	Durch die Pesenbachschlucht zur Donau	75
16	2.45 h	Vom Sitz der Fürsten Starhemberg zum Wimbergrücken	78
17	4.30 h	Burgenwanderung über den Schallenberg	80
TOP 18	6.30 h	Die große Rodltalrunde	82
19	2.40 h	Ölberg und Distltal	86
20	3.30 h	Vom Breitenstein ins Rodltal	88
21	4.00 h	Vom Adalbert-Stifter-Ort zum Donaustrom	90
22	7.00 h	Von der Donau über den Linzer Hausberg ins Rodltal	93
TOP 23	4.15 h	Höhenwege am Stadtrand von Linz	96
24	6.45 h	Zwischen Großer Gusen und Großer Rodl	98
TOP 25	2.15 h	Zum Aussichtsturm am Roadlberg	102
26	4.15 h	Zum Sternstein, dem »Dach des Mühlviertels«	104
27	4.15 h	Mühlenweg, Heidenstein, Grenzsteig	106
28	5.00 h	Thierberg und Mühlviertler Gotikstraße	108

Unteres (östliches) Mühlviertel (Bezirke Freistadt, Perg))

	29	2.30 h	**Unterwegs am Aisttalweg** 110
	30	3.45 h	**Zwischen Feldaist und Waldaist** 112
TOP	**31**	2.45 h	**Am Pferdeeisenbahn-Wanderweg** 114
	32	6.00 h	**Schlösser, Burgen, Gipfelhütte und Aussichtsturm** 116
	33	3.45 h	**Von der Wallfahrtskapelle zur Braunberghütte** 118
	34	4.30 h	**Kulturwanderweg »Gewerbe am Fluss« im Thurytal** 120
	35	3.15 h	**Denkmalreiche Runde bei Freistadt** 122
	36	6.15 h	**Auf den Spuren der Pferdeeisenbahn** 124
	37	3.00 h	**Im Freiwaldgebiet zur böhmischen Grenze** 126
	38	2.45 h	**Zum Ursprung der Feldaist** 128
	39	3.30 h	**Durch den Freiwald im Nordosten des Mühlviertels** 130
TOP	**40**	5.00 h	**Moorromantik im einsamen Freiwald** 132
	41	5.45 h	**Steile Wege an Waldaist und Stampfenbach** 134
	42	5.15 h	**In den Wäldern an der Weißen und der Schwarzen Aist** .. 138
	43	6.30 h	**Zur Ruine Prandegg und zum Herrgottsitz** 140
	44	2.45 h	**Auf der Mühlviertler Alm durch eine rauschende Klamm** . 144
TOP	**45**	4.15 h	**Zur Burg hoch über dem Naarntal** 146
	46	6.00 h	**Von der Naarn zu Bucklwehluck'n und Schwammerling** .. 148
TOP	**47**	3.30 h	**Auf Graf Enzmilners Spuren über dem Machland** 151
TOP	**48**	7.15 h	**Auf den Spuren von Rittern und Schiffern im Strudengau** 154
	49	4.00 h	**Einsiedlermauer und Burgstall** 158
	50	5.30 h	**Barockkloster und Wallfahrtsort am Mittellandweg** 160

Mehrtageswanderung

TOP	**51**	3 Tage	**Der Donau-Moldau-Weg** 162

Stichwortverzeichnis 172

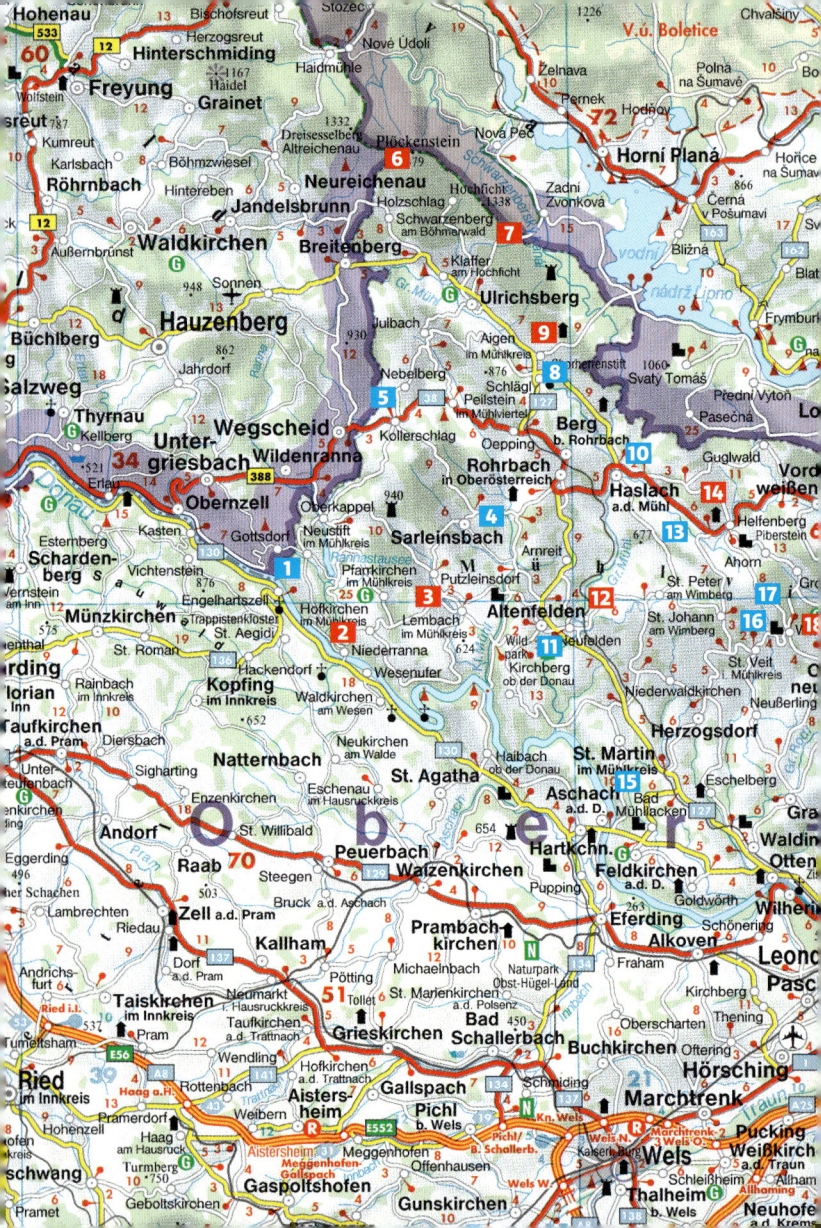

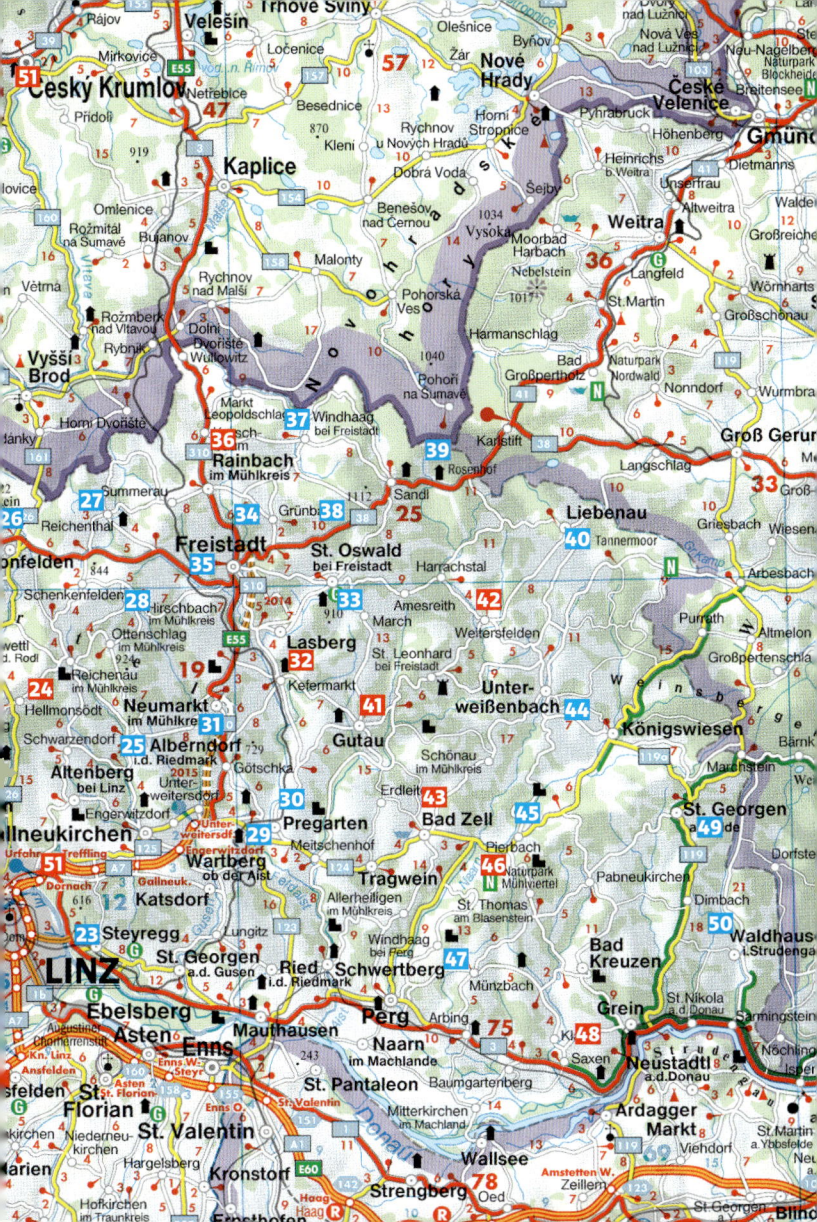

TOP-TOUREN

Dreiländerrunde zum Plöckenstein
Nach Deutschland zum Dreisesselberg, über das Dreiländereck zum Plöckenstein, dem höchsten Berg im Mühlviertel, am Stifter-Denkmal vorbei zum malerischen Plöckensteiner See in Tschechien und retour nach Österreich *(Tour 6, 7.00 h)*.

Höhenwege am Stadtrand von Linz
Vom ehemaligen Kloster Pulgarn über Hohenstein und Pfenningberg eröffnet die Tour im letzten Teil einen fantastischen Blick auf Linz *(Tour 23, 4.15 h)*.

Zum Aussichtsturm am Roadlberg
Mit Aussichtsturm, Wildgehege und Gasthaus ist die Runde auch ideal für Familien geeignet *(Tour 25, 2.15 h)*.

Durch die Pesenbachschlucht
Streckenwanderung durch das wildromantische Pesenbachtal mit Felssteigen und tosendem Wasser zum Kerzenstein und weiter zur Donau bei Aschach *(Tour 15, 3.00 h)*.

Große Rodltalrunde
Im Herzen des Mühlviertels umrundet der Weg die Marktgemeinde Zwettl – eine landschaftlich abwechslungsreiche Genusstour, die in zwei Etappen geteilt werden kann *(Tour 18, 6.30 h)*.

Am Pferdeeisenbahn-Wanderweg
Auf der eindrucksvollen Trasse der ersten Schienenbahn auf dem Kontinent durch ein fast unberührtes Tal fast immer bergab von Neumarkt bis Unterweitersdorf *(Tour 31, 2.45 h)*.

Mooromantik im einsamen Freiwald
Vom höchstgelegenen Pfarrdorf Oberösterreichs über die Warte am Brockenberg zum eindrucksvollen Tannermoor – eine lehrreiche, anregende Tour ohne größere Höhenunterschiede *(Tour 40, 5.00 h)*.

Zur Burg hoch über dem Naarntal
Die mächtige, restaurierte Burg Ruttenstein, die der Sage nach durch einen heruntergeworfenen Fisch, eine Rutte, vor der Belagerung gerettet wurde, ist das Ziel dieser Rundwanderung von Pierbach aus *(Tour 45, 4.15 h)*.

Auf den Spuren von Rittern und Schiffern im Strudengau
Die lange Tour verbindet Glanzpunkte des Strudengaus: die Gobelwarte, die Burg Clam bei Saxen, Bad Kreuzen mit Burgruine und der romantischen Wolfsschlucht und das Schifferstädtchen Grein *(Tour 48, 7.15 h)*.

Der Donau-Moldau-Weg
Der abwechslungsreiche Weitwanderweg verbindet die oberösterreichische Landeshauptstadt Linz mit dem südböhmischen Juwel Český Krumlov *(Tour 51, 3–4 Etappen)*.

WICHTIGE HINWEISE FÜR UNTERWEGS

Wandern im Mühlviertel
Als Naherholungsgebiet für Oberösterreichs Zentralraum sind bestimmte Gebiete stark frequentiert, doch gibt es überall Wege, auf denen man kaum einem Menschen begegnet. Im Hinblick auf die Besucherfrequenz ist das Mühlviertel mit Nachbargebieten (Bayerischer Wald, Wachau) kaum vergleichbar. Viele Landstriche weisen nur bescheidenen Tourismus auf, in manchen Gebieten gibt es relativ wenig Gasthöfe mit nur geringer Bettenzahl und nicht überall Privatquartiere.

Schwierigkeiten
Die meisten der beschriebenen Wanderungen sind im alpinen Sinn leicht und verlaufen auf gut instand gehaltenen Wegen, Pfaden oder Fußsteigen. Alpine Gefahren sind nicht zu erwarten, felsige Stellen sind teils durch Drahtseile gesichert. Schmale, steinige, wurzelige und bei feuchtem Wetter rutschige Waldpfade sowie steile An- und Abstiege kommen häufig vor. Markierungen können schadhaft oder nur von einer Seite zu sehen sein, fallweise auch ganz fehlen – dann ist Orientierungsfähigkeit gefragt. Auch Nebel erschwert die Orientierung. In den großen Waldgebieten kann man sich durchaus verirren, doch erreicht man immer wieder eine Straße oder Siedlung. Ausdrücklich hingewiesen wird auf die in weiten Teilen des Mühlviertels (besonders in den Wäldern im Westen, am Südabfall zur Donau und im Südosten) herrschende Zeckengefahr (Schutzimpfung!). Vorsicht bei den im Sommer häufigen Gewittern – Höhenkuppen, Felsgebilde und vereinzelte Bäume meiden und bevorzugt Geländemulden aufsuchen.

Die in diesem Führer verwendete Farbkennzeichnung der Touren nach Schwierigkeitsgrad richtet sich bei Wanderungen im Mühlviertel – da es kaum Probleme wegen Ausgesetztheit oder Trittsicherheit gibt – in erster Linie nach Länge, Höhenunterschied, Steilheit der An- und Abstiege und leichten oder schwierigen Orientierungsverhältnissen und erklärt sich wie folgt:.

SCHWIERIGKEITSKATEGORIEN

■ = Leicht
Touren bis ca. 20 km Länge und/oder bis 600 Hm im Anstieg; nicht übermäßig steil auf markierten Wegen, einfache Orientierung; großteils auch für Kinder und Senioren geeignet.

■ = Mittel
Längere und anstrengende Touren von mehr als 20 km Länge und/oder über 600 Hm im Anstieg; teils sehr steile Streckenabschnitte und schwierige Orientierung.

Die nur leicht wellige Plateauhochfläche im Freiwald (Geierschlag bei Liebenau).

Anfahrt

Das gesamte Mühlviertel hat eine West-Ost-Ausdehnung von rund 90 km (Luftlinie), zwischen Donau und der Staatsgrenze im Norden beträgt die Entfernung 25–45 km. Alle Wanderziele in diesem Führer sind von einem zentralen Punkt, z. B. von Linz, mit dem Pkw in maximal 1½ Std. zu erreichen. Mit öffentlichen Verkehrsmitteln muss man für abgelegene Gebiete mit längeren Fahrzeiten rechnen. Trotz dreier Bahnlinien und eines dichten Busnetzes sind nicht alle Ausgangspunkte mit öffentlichen Verkehrsmitteln erreichbar.

Zugverbindungen: Von Linz-Hauptbahnhof über Freistadt zur Grenzstation Summerau; von Linz-Hauptbahnhof (teils mit Umsteigen in St. Valentin) über Perg nach Grein bis Sarmingstein; von Linz-Urfahr (Mühlkreisbahnhof) über Rohrbach nach Aigen-Schlägl.

Busverbindungen: Ab Linz-Hauptbahnhof bzw. Linz-Urfahr in die meisten Orte, allerdings sternförmig von Linz ausstrahlend. Zum Teil existieren noch Verbindungen von Gemeinden zu Bezirksorten und regionalen Zentren. Nur in traditionellen Wandergebieten des Zentralraums, besonders im mittleren Bezirk Urfahr-Umgebung, gibt es an Wochenenden zufriedenstellende Angebote, ansonsten orientiert sich der Fahrplan häufig an Bedürfnissen von Schülern oder Tagespendlern. Spezielle Wanderbusse für Ausflügler gibt es auch in der Hauptsaison kaum. Stellenweise kann man von Bahnhöfen oder größeren Orten in abgelegenere Gebiete sog. »Rufbusse« benutzen (Kleinbusse, die auf Verlangen verkehren; ½ Std. vorher telefonisch anmelden). Bitte beachten Sie: Das Zeichen 8 bei den einzelnen Wanderungen bezieht sich auf die Anreise bzw. Rückfahrt von/nach Linz(-Urfahr). Auskünfte und Fahrpläne unter fahrplan.oebb.at und www.ooevv.at.

Beste Wanderzeit
Angenehmste Jahreszeiten für die meisten Touren sind Frühjahr und Herbst, wobei im Frühjahr Schlechtwettereinbrüche (mit Schnee) bis zur zweiten Aprilhälfte Wanderungen in höheren Lagen unmöglich machen können. Manch warmer Tag im Sommer ist im windig frischen Mühlviertel leicht zu ertragen, kühle Regenperioden sind auch im Hochsommer nicht auszuschließen. Die schönste Jahreszeit ist der Herbst, wenn Nebel die Niederungen bedeckt und die Mühlviertler Höhen mit warmem Sonnenschein locken. In guten Jahren kann es bis November sonnige Tage geben; teils kann aber auch schon Mitte Oktober in höheren Regionen Schnee fallen, ab Allerheiligen ist täglich mit Schnee zu rechnen. Schneearme Winter ermöglichen u. U. Wanderungen auch im Winterhalbjahr, vor allem in niedrig gelegenen Gebieten.
Wetterauskünfte: wetter.orf.at/ooe; www.wetterauskunft.at; www.blueskywetter.at, bei blueskywetter auch per Tel. +43 7674 206 60, E-Mail: office@blueskywetter.at; in Österreich über die Wetterauskunftsnummer 09 00 51 15 99 (»Wetterhotline«, kostenpflichtig).

Alte, blühende Mostbirnbäume bei Schwertberg.

GPS-TRACKS UND KOORDINATEN DER AUSGANGSPUNKTE

Zu diesem Wanderführer stehen auf www.rother.de GPS-Tracks und Koordinaten der Ausgangspunkte zum kostenlosen Download bereit.
5. Auflage, Passwort: **428305bsf**
Sämtliche GPS-Daten wurden vom Autor auf einer digitalen Karte erfasst. Verlag und Autor haben die Tracks und Wegpunkte nach bestem Wissen und Gewissen überprüft. Dennoch können wir Fehler oder Abweichungen nicht ausschließen, außerdem können sich die Gegebenheiten vor Ort zwischenzeitlich verändert haben. GPS-Daten sind zwar eine hervorragende Planungs- und Navigationshilfe, erfordern aber nach wie vor sorgfältige Vorbereitung, eigene Orientierungsfähigkeit sowie Sachverstand in der Beurteilung der jeweiligen (Gelände-)Situation. Man sollte sich für die Orientierung auch niemals ausschließlich auf GPS-Gerät und -Daten verlassen.

Auswahl der Wanderrouten

Dieser Wanderführer vereint Touren aus dem gesamten Mühlviertel, mit kleinen Abstechern in die Nachbargebiete; das südöstlichste Eck (Strudengau) ist weniger beschrieben, weil es schon in den Rother-Wanderführern »Wachau« und »Waldviertel« berücksichtigt wurde.

Wir stellen hier 50 Vorschläge für Tageswanderungen vor, Touren für jede Altersstufe und jeden Konditionsgrad, vom durchtrainierten Wanderprofi bis zu Familien mit Kindern. Die meisten Routen sind unschwierig und folgen bezeichneten Wegen. Bei der Auswahl wurde Wert auf möglichst naturbelassene Routen gelegt und auch dort, wo dies mit einem kleinen Umweg verbunden ist, unbefestigten Wegen der Vorzug gegeben. Der größte Teil sind Rundwanderungen; es gibt aber auch Streckenwanderungen, mit Hinweis auf die Rückkehr zum Ausgangspunkt. Häufig ist die Anreise zum Startort bzw. auch die Rückfahrt zum Start und die Rückreise mit öffentlichen Verkehrsmitteln möglich.

Die mittlere Gehzeit liegt bei 4–5 Std. (mittlere Routenlänge ca. 17 km) bei einem Anstieg von durchschnittlich 450 Hm. Die meisten Vorschläge sind bequeme Tages- oder Halbtagesausflüge, ein Dutzend Touren ist über 20 km lang, zehn davon mit 600 Hm Anstieg oder mehr. Diese sind für sportliche, ausdauernde Wanderer gedacht, es finden sich jedoch oft Hinweise, wie sie verkürzt bzw. in zwei Tagesetappen geteilt werden können.

Daneben wurde mit dem Donau-Moldau-Weg eine mehrtägige, grenzüberschreitende Streckenwanderung mit 80 km Länge und fast 1900 Hm im Anstieg sowie ca. 1650 Hm im Abstieg aufgenommen.

Obwohl bei Ausgangspunkten und Routenführung die verkehrs- und wandermäßig günstigste Möglichkeit geschildert wird, können alle Wanderungen auch in umgekehrter Richtung unternommen, viele Rundwanderungen an einem günstigeren Startort begonnen werden. Manchmal

Hölzernes Zahnrad am Nordwaldkammweg bei Waldburg.

wird auf Möglichkeiten zum Verkürzen, auf Abbruch mit Rückfahrgelegenheit bei Schlechtwetter und Varianten oder Anschlusstouren hingewiesen. Weitere Möglichkeiten, die durch das dichte Markierungsnetz fast überall möglich sind, können einer guten Wanderkarte entnommen werden. In letzter Zeit wurde im Mühlviertel eine Vielzahl an Themenwegen geschaffen; viele Orte haben solche Routen beschildert, häufig auch mit Informationstafeln versehen.

Das Mühlviertel durchziehen zahlreiche Weitwanderwege: im Norden der Nordwaldkammweg 105 (Teil des Europäischen Fernwanderwegs E6 Nordsee–Adria, 1960 anstelle des bereits vorher existierenden, grenzüberschreitenden und durch den »Eisernen Vorhang« nicht mehr begehbaren Weges ganz auf österreichischem Gebiet neu errichtet), weiter südlich seit 1976 der Mittellandweg 150 (Teil des Europäischen Fernwanderwegs E8 Nordsee–Karpaten). Von der bayerischen Grenze verläuft am Steilabfall zum Strom bis Aschach und von Ottensheim bis Grein und weiter über Sarmingstein nach Waldhausen und über Bad Kreuzen zurück nach Grein der Donausteig. Dieser ist in dem im Rother Bergverlag erschienenen Wanderführer »Donausteig« genau beschrieben. Derzeit ist beim Nordwaldkammweg eine »Variante Nord« im Entstehen, die etwa dem Verlauf vor dem Zweiten Weltkrieg entsprechen soll (auf österreichischem und tschechischem Gebiet). Daneben finden sich die Nord-Süd-Wege als Teile gesamtösterreichischer oder lokaler Weitwanderwege: 110 Falkensteiner Weg (Teil des Rupertiwegs) vom Bärenstein zur Donau; 109 (Teil des Salzsteigwegs) vom Sternstein bzw. Afiesl zur Donau; 160/162 von Bad Leonfelden bzw.

Schenkenfelden nach Urfahr (ab Hellmonsödt identisch mit dem Donau-Moldau-Weg Krumau–Urfahr); Pferdeeisenbahnweg ab Grenze bei Leopoldschlag nach Urfahr; Burgen- und Schlösserweg von Freistadt zur Donau; 170 Mühlviertler Naturfreundeweg ab Karlstift (NÖ) über Liebenau zur Donau bei Mauthausen; im Oberen Mühlviertel der Granitweg, im Unteren Mühlviertel der Johannesweg, die österreichische Antwort auf den Jakobsweg. Zahlreiche Touren in diesem Buch verlaufen auf Teilstrecken dieser Wege, der Donau-Moldau-Weg wird zur Gänze beschrieben.

Wegezustand, Markierungen

Die (notwendige) Erschließung und die Motorisierung brachten es mit sich, dass in jede kleine Ansiedlung asphaltierte Zufahrten führen. Leider wurden viele alte Wege umgeackert. Lokale Wege verlaufen oft lange auf asphaltierten Güterwegen. Solche Routen wurden in diesem Führer nicht berücksichtigt. Die hier beschriebenen kurzen Teilstücke mit Asphalt verlaufen meist auf verkehrsarmen Neben- oder Sackstraßen. Forststraßen und -wege sind meist unbefestigt, als Güterweg, landwirtschaftlicher Zufahrtsweg oder Zufahrt ausgewiesene Strecken fast immer asphaltiert. Es gibt aber im Mühlviertel noch genügend naturbelassene Wald-, Feld- und Wiesenwege, schmale Steige und Pfade.

Die meisten der beschriebenen Touren sind markiert oder beschildert. Viele Routen der alpinen Verbände Österreichs sind rot-weiß-rot markiert und mit einer Wegnummer (schwarze Farbe im weißen Feld) versehen. Dreistellige Nummern bezeichnen Weitwanderwege oder längere Querverbindungen, zwei- und einstellige Nummern lokale Verbindungs- oder Rundwege. Daneben werden auch markierte Wege anderer Betreuer begangen, nur teilweise in gleicher Art markiert, in vielen Fällen jedoch sehr unterschied-

SYMBOLE

Symbole im Tourenkopf
- Mit Bahn/Bus erreichbar
- Einkehrmöglichkeit unterwegs
- Für Kinder geeignet

Symbole im Höhenprofil
- Ort mit Einkehrmöglichkeit
- Einkehrmöglichkeit
- Unbewirtschaftete Hütte, Alm
- Parkplatz
- Bushaltestelle
- Bahnhof / S-Bahn-Haltestelle

- Gipfel
- Kirche, Kapelle, Kloster
- Burg, Schloss, Ruine
- Aussichtsturm
- Aussichtsplatz
- Quelle
- Picknickplatz
- Wassermühle
- Bademöglichkeit
- Abzweigung
- Höhle

Der Umwelt zuliebe ...

Auch als Wanderer hinterlassen wir einen ökologischen Fußabdruck, aber im Einklang mit der Natur unterwegs zu sein, ist gar nicht so schwer!

VORBEREITUNG UND ANFAHRT
- Sich vorab informieren, worauf in Bezug auf Natur und Umwelt in der jeweiligen Wanderregion besonders zu achten ist.
- Soweit möglich mit Bus und Bahn anreisen, Wander- und Rufbusse nutzen.
- Ist eine Anfahrt mit dem Auto nötig, Fahrgemeinschaften bilden.
- Bei weiten Anfahrten Mehrtagestouren planen oder von einem Quartier vor Ort aus mehrere Touren absolvieren.
- Flugreisen möglichst reduzieren und durch Beiträge zu Klimaschutzprojekten kompensieren.

KLEIDUNG UND AUSRÜSTUNG
- Beim Kauf von Outdoor-Kleidung auf umweltfreundliche und faire Herstellung achten und Kleidungsstücke möglichst viele Jahre nutzen.
- Ausrüstung kann man eventuell auch gebraucht kaufen oder ausleihen.
- Reparieren statt neu kaufen.

VERPFLEGUNG
- Beim Einkauf Bio-Ware, regionale und saisonale Erzeugnisse bevorzugen.
- Hütten und Gasthäuser auswählen, die regionale Produkte verwenden.
- Auf Einwegflaschen und Plastikverpackungen verzichten, stattdessen wiederverwendbare Trinkflaschen und Brotzeitboxen benutzen.

ÜBERNACHTUNG
- Bei lokalen Anbietern buchen, damit Menschen vor Ort profitieren.
- Auf Hütten und in anderen Unterkünften Strom und Wasser sparen.

UNTERWEGS
- Wege benutzen und Abkürzer vermeiden.
- Sperrungen von Wegen und Schutzgebieten respektieren.
- Keine Blumen pflücken und keine Pflanzen entnehmen.
- Waldbrandgefahr beachten.
- Müll wieder mit nach Hause nehmen und dort entsorgen.
- Toilettengänge in freier Natur möglichst vermeiden.
- Lärm vermeiden.
- Hunde an die Leine nehmen.

lich gekennzeichnet. Manchmal sind Wege mit kleinen roten Plättchen ausgeschildert, die die Anfangsbuchstaben des jeweiligen Orts und eine Nummer enthalten (z. B. Hi7). Vor allem im oberen Mühlviertel erfolgte lange Zeit die Kennzeichnung durch braune Holzwegweiser mit exakten Längen- oder Zeitangaben, mit Holztäfelchen dazwischen, teilweise (nicht immer!) ergänzt durch Farbmarkierungen. Andernorts gibt es nur wenige Wegweiser, z. T. sind diese nur in einer Richtung angebracht. Zusammentreffende Bezeichnungen mehrerer Wegbetreuer, nicht aufgefrischte, aber auch nicht getilgte alte Markierungen und das Fehlen exakter Wegweiser an Kreuzungen und Abzweigungen können in Überschneidungsgebieten zu einer verwirrenden Vielfalt führen.

Eine Vereinheitlichung ist derzeit in Gang, ein neues, vom Bundesland Oberösterreich empfohlenes einheitliches Wegekonzept. Dieses sieht standardisierte gelbe Wegweiser in Pfeilform mit schwarzer Schrift vor, wie sie in vielen alpinen Gebieten anzutreffen sind; auch soll generell auf die alpine Markierungsform (rot-weiß-rot) umgestellt werden. Die Umstellung ist in fast allen Bereichen bereits durchgeführt.

Alle Routen wurden in den vergangenen Jahren wieder überprüft und entsprechen diesem Stand.

Einige Bitten an alle Wanderer

Auch dort, wo Wege laufend betreut werden, kann es zu Mängeln der Markierungen kommen, wenn diese durch gefällte Bäume verschwinden, Wegweiser umgefahren oder mutwillig ausgerissen werden. Bitte melden Sie solche Mängel im nächsten Gemeindeamt, damit rasch Abhilfe geschaffen wird. Manchmal werden Teilstrecken beschrieben, die nicht auf öffentlichen Wegen liegen. Auch markierte Routen können auf Privatwegen verlaufen, deren Begehung vom Besitzer bis auf Widerruf geduldet wird. Auf vorbildliches Verhalten beim Begehen von Wiesen- und Waldwegen wird deshalb besonders hingewiesen. Rücksichtslose Wanderer, die in Abschneidern Wiesen oder frisch gesäte Äcker durchqueren, Abfall in Felder und Wiesen werfen, Sträucher und Bäume beschädigen oder beim Blumenpflücken Gras zertrampeln, gefährden die freie Begehbarkeit solcher Wege.

Bitte halten Sie sich an den markierten Wegverlauf, nehmen Sie Ihren Müll wieder mit und betreten Sie keine Jagdeinrichtungen wie Hochstände, Futterstellen für das Wild usw. und ab einsetzender Dämmerung auch keine Waldgebiete mehr! Feuer machen in Waldgebieten ist im Sommer behördlich verboten, ein weggeworfener glühender Zigarettenstummel kann bei längerer Trockenheit einen Waldbrand auslösen. Ausdrücklich wird betont, dass auf Privatwegen, auf denen das Begehen gestattet ist, jede andere Nutzung (Befahren mit Fahrrädern, Kfz, Parken, Reiten) verboten ist und eine Missachtung die Sperrung des Wegs auch für Wanderer nach sich ziehen könnte.

Touristische Informationen

Für die 5. Auflage wurden die Wege in den vergangenen Jahren erneut begangen und Ergänzungen sowie Berichtigungen vorgenommen. Fahr- und Öffnungszeiten werden nicht angeführt, da sie sich sehr rasch ändern können. Informieren Sie sich bitte selbst vor Antritt der Wanderung über Abfahrtszeiten von Bahn und Bus, Besichtigungszeiten von Sehenswürdigkeiten etc. Bei geplanten Übernachtungen wird empfohlen, Quartiere vorzubestellen. Derzeit ist wegen der Corona-Pandemie nur sehr schwer abzuschätzen, wann und wo Einkehr und/oder Übernachtung möglich ist.
Informationen: www.tiscover.at/muehlviertel
Oberösterreich-Tourismus-Information, Freistädter Str. 119, A-4041 Linz, Tel.: +43 732 7277 100, E-Mail: tourismus@oberoesterreich.at

Karten

Die beigegebenen Wanderkärtchen stellen Orientierungshilfen dar. Dennoch wird die Mitnahme guter Wanderkarten als weiteres Hilfsmittel empfohlen, z. B. von Freytag & Berndt WK 262 »Böhmerwald – Mühlviertel – Moldau Stausee«; WK 261 »Mühlviertel – Freistadt – Linz/Urfahr«; WK 052 »Mostviertel – Strudengau – Donauland – Amstetten – Waidhofen a. d. Ybbs – Steyr« (alle 1:50.000). Diese Karten erfassen (im Gegensatz zur amtlichen Karte) jeweils mit gleicher Genauigkeit und günstigerem

ABKÜRZUNGEN

A 7 = Mühlkreisautobahn A 7
Abzw. = Abzweigung
B = Bundesstraße (mit Straßennummer)
Bes. = Besichtigung
besch. = beschildert (Tafeln)
beschr. = beschränkt, eingeschränkt
bez. = bezeichnet, markiert
Bhf. = Bahnhof
BSW = Mühlviertler Burgen- und Schlösserweg
DHW = Donau-Höhenweg
DMW = Donau-Moldau-Weg
Gde. = Gemeinde
ges. = gesamt (Gehzeit, Streckenlänge)
Ghf. = Gasthof, Gaststätten
Hbhf. = Hauptbahnhof (Linz)
Hm. = Höhenmeter
Hst. = Haltestelle
Jh. = Jahrhundert
Jst. = Jausenstation
Mark. = Markierung
Min. = Minuten
MLW = Mühlviertler Mittellandweg 150
NWK = Nordwaldkammweg 105
ÖAV = Österreichischer Alpenverein
OÖ., oö. = Oberösterreich, oberösterreichisch
P. = Höhenpunkt (Höhenkote) der Landkarte
rwr = rot-weiß-rot (Markierung)
s. = siehe
S 10 = Mühlviertler Schnellstraße 10
Std. = Stunden
tlw. = teilweise
unbew. = unbewirtschaftet
unbez. = unbezeichnet, unmarkiert
Ü = Übernachtungsmöglichkeit
WWW = Weitwanderweg

Schloss Waldenfels bei Reichenthal, einer der zahlreichen Herrschaftssitze im Mühlviertel, heute noch bewohnt.

Blattschnitt ein größeres Gebiet. Leider decken sie nicht den gesamten Bereich ab. Daher wird man für einige Touren (im Osten und Süden) die im Buchhandel erhältlichen Blätter der amtlichen Österreichischen Karte im Maßstab 1:50.000 benötigen (BEV-Karten, Freytag&Berndt); folgende Blätter sind eventuell hilfreich: 3312 Wegscheid, 3318 Rohrbach in Oberösterreich, 4307 St. Oswald bei Haslach, 4308 Leopoldschlag, 4313 Haslach an der Mühl, 4314 Freistadt, 4319 Linz, 4320 Perg und 4321 Grein. Unter Einhaltung der Nutzungsbestimmungen kann auch online auf die Österreichische Karte unter www.austrianmap.at zugegriffen werden. Daneben kann man eine Fülle regionaler Karten und Wanderpläne, herausgegeben von Tourismusverbänden, Gemeinden oder Vereinen, vor Ort erwerben.

Ausrüstung

Empfehlenswert ist die Mitnahme eines Tagesrucksacks mit Verpflegung, Regenschutz, Pullover und Kopfbedeckung. Im Herbst kann bei früh einsetzender Dunkelheit eine Taschenlampe nützlich sein. Feste Wanderschuhe sollten bevorzugt werden; griffige Sohlen für die oft feuchten, durch Steine und Wurzeln rutschigen Waldstücke sind überall wichtig. Für längere Wanderungen, besonders für steil bergab führende Wege bei rutschigem Gelände, ist die Benutzung von Teleskopstöcken günstig. Im Sommer lohnt es sich, Badebekleidung mitzunehmen: Neben Freibädern in vielen Orten gibt es herrliche Badeplätze an Mühlviertler Flüssen.

ZUR REGION

Das Mühlviertel – ein »merk-würdiges« Land

Als Mühlviertel wird das 3084 km² große Gebiet des Bundeslandes Oberösterreich nördlich der Donau bezeichnet, das vom Donautal im Süden bis zum Böhmerwaldkamm im Norden reicht, großteils gebildet vom Granitbergland der Böhmischen Masse. Im Norden und Süden bilden der Böhmerwald mit der Staatsgrenze zu Tschechien und die Donau die geografischen Grenzen. Im Osten, im niederösterreichischen Waldviertel, und im Westen, im Bayerischen Wald, setzt sich das Granitbergland ohne größere landschaftliche Unterschiede fort, die niederösterreichische Landesgrenze und die Staatsgrenze zu Bayern sind eher willkürlich. Einige fruchtbare Ebenen (Eferdinger Becken, Linzer Becken, Machland) erstrecken sich vom Alpenvorland über die Donau hinweg bis an den Rand des Berglands. Auch das Granitmassiv hält sich nicht an die natürliche Grenze, es reicht an drei Stellen, im Sauwald, Kürnberg und Strudengau, über die Donau hinweg. Die engen, bewaldeten Durchbruchsstrecken der Donau, Passauer, Linzer und Greiner Pforte mit steilen Hängen zum Donautal, aber auch der steile Südabfall zu den Donauebenen, gehören zu den schönsten Wandergebieten.

Das mittelhohe Plateau, Rest eines alten, abgetragenen Rumpfgebirges aus kristallinen Graniten und Gneisen, erhält seinen Hügelcharakter durch Täler der Gewässer, die nach Süden der Donau zustreben. Darüber ragen Höhenzüge mit Waldkuppen auf: im Norden der Böhmerwald (mit Plöckenstein, 1378 m, Hochficht, 1338 m), im Mittelteil Sternwald (mit Sternstein, 1122 m), im Ostteil Frei- oder Nordwald (mit Viehberg, 1112 m.) Auch in der Mitte des Mühlviertels gibt es bewaldete, bis über 900 m hohe Erhebungen, die oft herrliche Rundblicke gewähren. Der obere und mittlere Teil zwischen Südabdachung und Nordwaldkamm (Passauer Wald mit Ameisberg, 940 m; Linzer Wald mit Lichtenberg, 927 m, Breitenstein, 958 m, Wimbergrücken und Hansberg, 848 m, Helmetzederberg, 924 m) zeigt eher ein ruhigeres Relief mit relativ sanften Hügelkuppen. Das Bild ändert sich östlich der Freistädter Senke, dem bereits in frühester Zeit, dann auch von Salzstraße und Pferdeeisenbahn genutzten leichtesten Übergang von der Donau nach Böhmen. Im östlichen Greiner Wald gegen die Grenze zu Niederösterreich gibt es trotz vieler Erhebungen über 800 m nur wenige markant herausragende Berge (Braunberg, 912 m, Burgstallmauer, 949 m), jedoch schon im Mittellauf tiefe Bachgräben und Berghänge, steilste Wiesen und Wälder, übersät mit Granitblöcken, einsame bewaldete Bergkuppen und Wiesenflecken, die an alpines Almgebiet erinnern. In den großen Waldgebieten im Nordosten hingegen liegen schon die Gemeindeorte auf über 900 m, sodass hier zu den Erhebungen (z. B. Brockenberg, 1053 m) kaum große Höhenunterschiede bestehen.

Die nach Süden entwässernden Flüsse haben steilwandige, tief eingeschnittene Täler mit steiler Gefällstrecke im Unterlauf geschaffen, oft durch

Sonnenuntergang an der Großen Mühl, umgangssprachlich »der Michl« genannt, am Badeplatz Ulrichsberg (Tour 8).

Granitfelsen so verblockt, dass das Wasser kaum mehr zu sehen ist. Braun und eisenhaltig fließt es hinunter zur Donau bzw. in die vorgelagerten Ebenen. Häufig wird das Gefälle noch heute von Mühlen oder Sägewerken genutzt. Von einsamen Wanderwegen durchzogen sind fast alle diese Täler (von West nach Ost): Ranna, Kleine Mühl, Große Mühl, Pesenbach, Kleine und Große Rodl, Haselgrabenbach, Große und Kleine Gusen, Feld- und Waldaist, Große und Kleine Naarn, Klambach, Dimbach, Gießenbach, Sarmingbach. Natürliche Seen sucht man im Mühlviertel vergebens, zum Baden verlocken einige künstliche Seen (Ranna bei Oberkappel, Sarmingbach bei Waldhausen), Klausseen für die frühere Scheiterschwemme im Osten (z. B. Rosenhofteiche bei Sandl, Rubnerteich bei Liebenau, Klausteich bei Königswiesen) sowie Freibäder. Im Nordwesten wird die Wasserscheide mit dem Schwarzenberg-Schwemmkanal überwunden, im Osten entwässern Bäche direkt zur Moldau und Nordsee (z. B. Granitzbach, Maltsch).

Politisch ist das Mühlviertel in vier Bezirke eingeteilt: Den Westen nimmt der Bezirk Rohrbach (RO), den mittleren Teil der Bezirk Urfahr-Umgebung (UU) ein (Bezirksort ist der zur Landeshauptstadt Linz gehörende, nördlich der Donau liegende Stadtteil Urfahr), beide von der Donau bis zur tschechischen Grenze reichend. Den Osten teilen sich gegen die tschechische Grenze der Bezirk Freistadt (FR) und im Süden mit der Donauebene des Machlands der Bezirk Perg (PE). Der Stadtbezirk von Linz reicht ein Stück nach Norden in den Bezirk Urfahr hinein.

Klima

Das Mühlviertel nimmt klimatisch eine Übergangsstellung vom Alpenvorland zur innerböhmischen Landschaft ein. In diesem eher niederschlagsreichen Gebiet bilden Freistädter Senke und Feldaisttal eine Trockeninsel und das niederschlagsärmste Gebiet Oberösterreichs. Raue, kalte Nordostwinde – der »böhmische Wind« – und harte, lange Winter tragen dazu bei, dass der Vegetationsrückstand gegenüber dem Alpenvorland dort je nach Höhenlage mehrere Wochen beträgt. Dafür genießt man hier milde und nebelfreie Herbsttage mit klarem, sonnigem Wetter, oft bis in den November hinein.

Flora und Fauna

Ursprünglich beherrschten Auwälder das Donautal, die Hänge waren von Eichen-Hainbuchen-Wäldern und an flachgründigen Standorten von Kiefern geprägt. Die vorherrschende Waldgesellschaft in den mittleren Lagen der Böhmischen Masse bestand aus Buchen-Tannen-Wäldern. In den höchsten Erhebungen des Böhmerwaldes war die Fichte stets vorherrschend, heute hat sie, da forstlich attraktiv, in weiten Teilen des Landes die ursprünglichen Laub-Misch-Wälder verdrängt, Urwald- und Altholzbereiche sind fast völlig verschwunden. Weitgehend erhalten sind an vielen Gewässern Bachauen mit Baumarten wie Schwarzerle, Bruchweide, Esche und Traubenkirsche. Weideflächen, Acker- und Feldkulturen mit ihren charakteristischen Wildkräutern sowie Gärten und Streuobstbestände haben das einst reine Waldland ökologisch vielfältig gestaltet, auch mit im Alpenraum beheimateten Pflanzen. In den Wäldern gibt es viele Beerenarten sowie wild wachsende Haselnüsse. Pilzsucher finden neben Herren-(Stein-)pilzen, Maronenröhrlingen, Birkenpilzen, Parasolen (Riesenschirmlinge) auch essbare Täublingsarten und Eierschwammerl (Pfifferlinge). Die Wiesen des Mühlviertels sind, bedingt durch landwirtschaftliche Intensivierung mit starker Düngung, monoton geworden. Die arten- und blumenreiche Flora, mit z. B. Himmelschlüssel, Margerite, Glockenblume, Heiden- und Pechnelke, hat sich vor allem auf magere Böschungsbereiche zurückgezogen. Dafür gibt es noch vergleichsweise viele Moorflächen mit Sonnentau, Läusekraut, Arnika, Fettkraut sowie einer Reihe von Seggen, Binsen und Wollgrasarten.

Das Mühlviertel beherbergt Feldhase, Reh, Fasan, Rebhuhn, Wildente, im Böhmerwald auch Hirsche. Natürlich fehlen nicht Fuchs, Marder, Iltis und Wiesel. Häufig wechseln über die Nordgrenze auch Wildschweine ins Mühlviertel, ab und zu wurde sogar schon ein Elch gesichtet. Von den im 19. Jahrhundert ausgerotteten »Raubtieren« Bär, Wolf, Luchs und Wildkatze dringen in neuester Zeit die beiden Letzteren vor allem aus Tschechien bis ins Mühlviertel vor. Ebenfalls völlig ausgerottet war der Biber; von stabilen Populationen im Donautal aus hat er sich im Mühlviertel wieder ausgebreitet, ebenso der Fischotter. Von der Vogelwelt sind Spechte, Drosseln,

Stolzes Damwild beim Roadlberg (Tour 25).

Tannenhäher, Kreuzschnabel, Lerchen, Steinschmätzer, Braunkehlchen und Wiesenpieper zu erwähnen. Das Auerhuhn wurde auf wenige Refugien in Hochlagen zurückgedrängt, auch weitere Raufußhühner (Birk-, Haselhuhn) siedeln nur mehr sporadisch in naturnahen Landschaften des Mühlviertels. Die Schluchttäler sind Heimat des Uhus, ungestörte Schluchtwälder besiedelt sogar der Schwarzstorch. Neben Habicht, Sperber, Bussard, Turmfalke, Eulen und Käuzen gibt es auch Wanderfalken. 21 heimische Fischarten tummeln sich in den Gewässern, vor allem Bachforelle, Äsche, Barbe, Gründling, Elritze, Rotauge, Schlammbeißer, Flussbarsch, Koppe, Hecht, Aal, ergänzt durch eingebürgerte Arten wie Bachsaiblinge, Regenbogenforellen, Schleien, Karpfen, Welse und Zander. Flussperlmuschel und Flusskrebs, schon fast ausgerottet, sind mit zunehmender Gewässergüte in Mühlviertler Bächen wieder anzutreffen. Die Schmetterlingsfauna umfasst im Mühlviertel über 1800 Arten, auch Frösche, Kröten, Unken, Blindschleichen, Eidechsen und (fast ausschließlich ungiftige) Schlangenarten gibt es im Mühlviertel noch häufig.

Geschichte
Klimabedingt bedeckte einst den Großteil des Gebiets undurchdringlicher Wald. Es gibt spärliche Steinzeitfunde aus offeneren Landesteilen. In der Römerzeit gibt Tacitus Kunde vom Germanenstamm der Markomannen, die eine Sicherheitszone bis ca. 5 km nördlich der Donau einhalten muss-

ten. Nach der Römerära war das Mühlviertel wohl ein recht menschenleeres Land, das zuerst an den südlichen Rändern von bajuwarischen Siedlern kolonisiert wurde. In einer Schenkung des Bayernherzogs Tassilo III. (Kloster Kremsmünster, 777) wurde zum ersten Mal die Gegend an der unteren Rodl (mit Weinbergen) erwähnt. Erst ab dem 9. Jahrhundert drangen Menschen in die Wälder vor, ausgehend von alten Handelssteigen, die bereits damals das Donautal mit dem Moldaugebiet verbanden. Nach dem Magyarensturm und einem kurzen slawischen Zwischenspiel, an das noch einige Flur-, Fluss- und Ortsnamen erinnern, begann die planmäßige Besiedelung in größerem Ausmaß. Der Gau Rotelland gehörte wie die Grafschaft Traungau südlich der Donau schon zur Zeit der bayerischen Agilolfinger Herzöge zum Herzogtum Bayern, das später Teil des Frankenreichs wurde. Zusammen mit der östlich der Haselgrabenfurche gelegenen Riedmark kam dieser Teil des Mühlviertels später zur Markgrafschaft Ostarrichi der Babenberger und wurde so ein Kernland des heutigen Oberösterreich. Zwischen Naarn und Aist gehörten große Streifen Landes dem Kloster Sankt Emmeram bzw. den Bischöfen in Regensburg. Die Kolonisationswelle im 12./13. Jahrhundert trugen, von Westen kommend, Ministeriale der Passauer Bischöfe, die als Pioniere den Wald rodeten, weit nach Osten vorstießen und große Besitzungen erwarben. Davon künden Burgruinen der Falkensteiner, Tannberger, Griesbacher, Piber, wie überhaupt das Mühlviertel ein Land der Burgen und Schlösser ist. In dieser zweiten Besiedlungsepoche wurde auch das erste geistige Zentrum gegründet: das 1204 durch die Falkensteiner gestiftete Kloster Schlägl. Die ersten Zisterzienser aus Franken kapitulierten in einem extrem kalten, schneereichen Winter. 1218 erfolgte die Gründung ein zweites Mal, nunmehr an geschützterer Stelle durch Prämonstratenser. Von ihrem Kloster Wilhering an der Donau drangen Zisterzienser bis an die Moldau vor (Zweiggründung des Klosters Hohenfurth), auch Augustiner Chorherren aus St. Florian sowie aus den aufgegebenen Klöstern Baumgartenberg und Waldhausen beteiligten sich an der Urbarmachung. Im unteren Mühlviertel rodete man bis ins 17. Jahrhundert, als in anderen Landesteilen längst alles Land verteilt war. Ab dem 15. Jahrhundert zogen böhmische Hussiten plündernd und brandschatzend durchs Land. Kurz danach wütete die von Soldaten eingeschleppte Pest, die ganze Ortschaften ausrottete. Zwei oberösterreichische Bauernrevolten, die Aufstände von 1595 und 1626, brachen einerseits in St. Peter am Wimberg, andererseits in Lembach aus. Das Bauernaufgebot zog unter Führung des Gastwirts Christoph Zeller monatelang durchs Mühlviertel, bis vor Leonfelden die kaiserlichen Truppen den Aufständischen die entscheidende Niederlage bereiteten. In der Gegenreformation mussten Tausende lutherischer Mühlviertler auswandern. Im 17. Jahrhundert war das Mühlviertel

Links: Das Böhmertor in Freistadt, ein Teil des mittelalterlichen Mauerrings im »oberösterreichischen Rothenburg«.

Ruine Waxenberg, einst ein wichtiger Sitz des Fürstengeschlechts Starhemberg.

von passauischem Kriegsvolk und Schweden, später von napoleonischen Heeresteilen und zuletzt den Truppen- und Flüchtlingsströmen des Zweiten Weltkriegs als Durchzugsgebiet betroffen. Nach dem Kriegsende 1945 kam das Gebiet nördlich der Donau unter russische Besatzung und wurde von der Landeshauptstadt Linz abgeriegelt. Dazu kam die Schließung der Nordgrenze, über die hinweg in der Habsburger Monarchie, aber auch noch in der Zwischenkriegszeit reger wirtschaftlicher Verkehr geherrscht hatte. (In der NS-Zeit wurde der angrenzende Teil des Sudetenlands, das böhmische Hinterland bis Budweis, dem Mühlviertel zugeschlagen.) Lange konnte sich die in eine abgeschlossene Randlage gekommene Region nicht richtig entwickeln. Erst nach dem Staatsvertrag und dem Abzug der russischen Besatzung begann ab 1955 ein echter Aufbau. Die Öffnung der toten Grenze gegen Tschechien Ende 1989 machte das Mühlviertel zu einem verkehrsreichen Transitland mit allen damit verbundenen Problemen. Doch abseits der Transitrouten hat es sich viel Ursprüngliches und eine weitgehend intakte Landschaft bewahrt.

Wirtschaft, Siedlungsformen, Kultur

Abseits der Durchzugsrouten ist das Mühlviertel immer noch Bauernland, meist (außer in den Donauebenen) auf kargen Böden. Die Landwirtschaft ist vor allem auf Milchwirtschaft, Rinder- und Schweinezucht ausgerichtet: mit Wiesen und dem Anbau von Futterpflanzen. An Getreide werden Roggen, Hafer und Gerste, in tiefer gelegenen Gegenden im Süden auch Weizen und Mais angebaut. Vielfach werden (Mast-)Rinder in Freilandhaltung gezüchtet; Wildgatter sind häufig anzutreffen. Das raue Klima lässt Obstbau nicht überall zu. Mostobst (Äpfel, Birnen), aus denen der beliebte oberösterreichische Most gewonnen wird, sowie Steinobst (Zwetschgen und Kirschen für selbst gebrannten Schnaps) kommt jedoch in den meisten Regionen vor. In großen Mengen werden Kartoffeln und Kraut angebaut. Seit alter Zeit zieht man im Westen Hopfen. Der alternative Anbau von Heilkräutern, Hirse, Dinkel z. B. und Betriebe, die sich dem biologischen Anbau verschrieben haben, werden immer häufiger. Auch der Mühlviertler Schafskäse ist beliebt, und die Imkerei befindet sich wieder im Aufschwung. Bedingt durch die EU-weit zu geringen Betriebsgrößen sind nur mehr wenige Höfe Vollerwerbsbetriebe, immer mehr werden im Nebenerwerb bewirtschaftet. In letzter Zeit kommen touristische Angebote wie »Urlaub am Bauernhof« und der Verkauf eigener Produkte auf dem Hof bzw. auf Bauernmärkten als zusätzliche Einnahmequellen dazu. Vielfach werden jedoch die kleinen bäuerlichen Betriebe als unrentabel aufgegeben. Bedingt durch den Waldreichtum kommt der Forstwirtschaft große Bedeutung zu; häufig forstet man Grenzertragsböden wieder auf. Im an Bodenschätzen armen Land werden Granit, im Süden Schotter und im unteren Mühlviertel Kaolin abgebaut.

Im früher besiedelten südlichen Teil sowie westlich der Großen Mühl dominieren Weiler und kleine Dörfer, östlich davon Einzelhöfe und Haufen-

Wälder und Wiesen prägen die Landschaft des oberen Mühlviertels bei Sarleinsbach.

Liebevoll gestaltetes Bauernhoffenster.

dörfer. Gegen Norden zu findet man ab dem Mühltal ostwärts planmäßig angelegte Kirch- oder Straßendörfer. Hier ist auch häufig die spezifische Siedlungsform des Waldhufendorfs anzutreffen. Im mittleren Landesteil ist diese Form der Rodungssiedlung am weitesten nach Süden gedrungen (typisches Beispiel: Rudersbach bei Hellmonsödt).

Die häufigste Hausform ist der fränkische Dreiseithof aus nicht verputzten, mit Kalk verfugten Granitsteinen (Steinbloß-Bauweise). Die Häuser waren früher meist mit Stroh gedeckt, das wegen Feuergefahr durch dauerhaftere Materialien fast ganz verdrängt wurde. Vom Süden reichen die für das übrige Oberösterreich typischen Formen des Vierkant- bzw. Vierseithofs, aus Ziegeln erbaut, in tiefer gelegene Regionen hinein. In ärmeren Gegenden sowie bei Kleinlandwirtschaften findet man die Hakenform mit nur mehr zwei über Eck angeordneten Gebäuden oder das einfache »Häusl«.

Der Landschaft entsprechend zeigt sich auch die Kunst im Mühlviertel herb, unaufdringlich. Die Holzbauten der ersten Siedlerzeit wichen relativ früh dem Steinbau, anfangs in Natursteinbauart. Von der Romanik sind nur wenige, spärliche Zeugnisse in den früh besiedelten Landesteilen, z. B. in Burgen und Klöstern sowie in einigen Kirchen, zu finden; die Gotik ist am häufigsten vertreten. Seltener sind Werke der Renaissance, beispielsweise in Schlössern, etwas häufiger des Barock, meist in Klöstern, Schlössern, Kirchen, aber auch in Städten und Märkten mit herrschaftlichen, kirchlichen oder bürgerlichen Gebäuden. Schöne Beispiele künstlerischen Schaffens findet man mitunter in kleinen Dorfkirchen, unscheinbaren Kapellen, als Bildstock (Marterl) und in zahlreichen anderen Kleindenkmälern.

Die barocke Stiftskirche von Waldhausen (Tour 50).

1 Donauleiten, Rannatal und Ranna (Fluss, Stausee)

↗ 520 m | ↘ 520 m | 19.7 km
5.15 h

Schlösser- und Ruinenromantik hoch über der Donau

Die westlichste Mühlviertler Gemeinde ist Ausgangspunkt einer Tour durch die geschützte Landschaft an Donau und Ranna. Herrliche Tiefblicke ins Donautal und mehrere alte Burgen unterwegs bilden ihren besonderen Reiz.

Ausgangspunkt: Neustift im Mühlkreis, 591 m (Navi: A-4143 Neustift im Mühlkreis, Kirchenplatz). Ab Linz B 129, dann B 130 Richtung Passau; bei Wesenufer über die Donau, 10 km nach N bis Altenhof, dann 4 km nach NW; oder von Passau über Obernzell, Gottsdorf; Parken bei der Kirche. Bahn-/Busverbindung ab Linz recht umständlich (für eine Tagestour nicht geeignet).
Anforderungen: Rundwanderung auf guten Wegen bzw. wenig befahrenen Güterwegen; Anstieg mäßig steil (Talvariante); durchgehend bez./besch.
Einkehr: In Neustift, Forstedt, Pühret, Altenhof im Mühlkreis, Niederranna (Variante).
Variante: Die beiden Wege im Rannatal ergeben auch eine kürzere, familiengerechte Tour: Von Niederranna (Donaubrücke) donauaufwärts zur Rannamündung (Parkplatz); im Rannatal auf Weg Nr. 110 hinauf nach Altenhof, hinab zum See und von der Staumauer talaus (Nr. 13) zurück zur Donau (ab Rannamündung 12,5 km, 320 Hm).

Tiefblick vom Penzenstein auf Donau, Kraftwerk Jochstein und Engelhartszell.

Ab **Neustift** ❶ auf der Straße südwärts (Bischof-Firmian-/Schmugglerweg), nach einem kurzen Straßenstück über den Stöcklbach und von der Straße rechts ab nach **Grub**. Nun auf einem Wiesenweg (Donauhöhenweg) nach **Forstedt**, dann auf dem Güterweg nach **Kleinmollsberg**, 550 m. Hier zuerst links, bei einem Kreuz rechts und zur bewaldeten Donauleiten, wo wir auf den Donausteig treffen; uns links haltend erreichen wir den **Penzenstein** ❷, 568 m (herrlicher Tiefblick auf die Donau bei Engelhartszell). Nach kurzem Güterwegstück (ostwärts, aus dem Wald heraus) biegen wir rechts ab, queren einen Wald und eine Straße und kommen nach Pühret (Ghf.), 576 m. Nun wandern wir auf dem Burgherrenweg vorbei an Friedhof und Sportplatz, folgen bei einer Wegteilung im Wald dem flacheren, nicht asphaltierten Weg, der uns über Wiesen nach Dorf bringt. Wir biegen hier rechts auf die Straße. Vor dem Ortsbeginn schwenken wir wieder

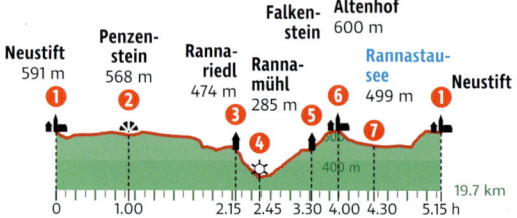

rechts Richtung Donau. Danach halten wir uns links und wandern in der Donauleiten durch den Wald zur **Burg Rannariedl** ❸. Kurz auf der Straße rechts bergab und nach einer Kehre links einen Waldweg steil hinab zur **Donau**. Etwas stromabwärts biegen wir an der Rannamündung auf eine Asphaltzufahrt links ins Rannatal. Am Asphaltende bei der **Rannamühl** ❹ gibt es zwei Alternativen: entweder immer im Tal in leichtem Anstieg (Rannatalweg Nr. 13), erst am rechten Ufer, dann die Ranna mehrfach querend, zuletzt hinauf zur Straße über die Staumauer (Variante, ab Verzweigung 5,3 km), oder (schöner) auf dem Falkensteinerweg Nr. 110 rechts abzweigend über die Ranna, in längerem Anstieg am Hang zur **Ruine Falkenstein** ❺, 470 m, und dann zur Landesstraße. Auf ihr links und im Ort **Altenhof** ❻ im Mühlkreis zum Schloss, 600 m; beim schmiedeeisernen Tor die Straße querend stoßen wir auf den Wegweiser »Rannastausee«. Ein Wiesenweg kürzt Serpentinen ab, über den Güterweg Hofmühle geht es hinab zur

Heute noch gräflicher Besitz: Schloss Altenhof im Mühlkreis.

Die Staumauer des Rannastausees.

Ranna, 450 m, und entlang einer Druckrohrleitung nach Norden über Stege und durch einen Tunnel zur **Teufelskirche** an der Staumauer des **Rannastausees** ❼, 499 m (5,5 km ab Donautal). Hier haben wir wieder die Wahl zwischen zwei gleichlangen Routen: entweder am Ostufer (Weg Nr. 110 bzw. Bischof-Firmian-Weg) nordwärts und nach 1,8 km auf einer Brücke über den See, oder auf der Straße über die Staumauer, dann rechts hinab zum See und am Westufer nordwärts (Variante). Ab der Wegvereinigung leiten Bischof-Firmian- und Seenweg (Nr. 2, 5) erst durch den Wald nach Westen, dann auf dem Güterweg Krennböck am Hang des **Zeinerbergs**, 610 m, zurück nach **Neustift** ❶.

Ruine Falkenstein: Der Wehrturm kann besichtigt werden.

↗ 410 m | ↘ 460 m | 17.3 km
5.00 h

2 Schlögener Donauschlinge

Raubritterburgen und ein malerisches Stromtal mit Naturlehrpfad

Bei dieser Tour lernen wir neben einstigen Raubritterburgen ein einmaliges Stück Donautal kennen: die Doppelschlinge des Stroms zwischen steilen, bewaldeten, felsigen Hängen. Ein Naturlehrpfad mit Informationstafeln leitet über 4 Kilometer Länge durch das unbewohnte Talstück, von den Höhen genießt man herrliche Blicke ins tief eingeschnittene Tal.

Ausgangspunkt: Hofkirchen im Mühlkreis, 601 m (Navi: A-4142 Hofkirchen im Mühlkreis, Markt 8). Ab Linz-Urfahr B 127, hinter Altenfelden 10 km westw. nach Lembach, dann links 8 km nach W; Parkplatz in der Mühlgasse. Bus ab Linz.
Endpunkt: Niederkappel, 549 m. Rückfahrt nach Hofkirchen per Taxi; spärliche Busverbindung.
Anforderungen: Anspruchsvolle Streckenwanderung; teils schmale, steinige Pfade, bez.; steiler Abstieg nach Au; Naturlehrpfad nur für geübte Wanderer (teilweise gesichert, Trittsicherheit, anstrengend, bei Nässe nicht zu empfehlen), steiler Anstieg nach Niederkappel.
Einkehr: Hofkirchen, Marsbach, Au, Niederkappel.
Tipp: Wer sich den gesicherten Naturlehrpfad nicht zutraut, kann von Au nach Grafenau von Mai–Okt. die Rad-Längsfähre des Fährbetriebs Pumberger (Au 1, Tel. +43 72 85 63 17) nutzen und 5 km (schwierigster Abschnitt) einsparen.

Die Donauschlinge bei Haichenbach, ein eindrucksvolles Naturzeugnis.

Vom Marktplatz in **Hofkirchen** ❶ durch die Mühlgasse (Marsbachweg) und auf dem Güterweg Brunndobl hinab zum **Bocksbach**, den wir überqueren. Kurz danach auf dem geraden Wegast zum nahen Hof, dann nach rechts wieder über den Bach und auf einem Wiesenweg zum Güterweg Hundsfülling (Sägewerk), wo wir auf den Donausteig treffen. Auf diesem (links) nochmals über den Bach, 522 m, dahinter rechts bis zum Güterwegende bei einem einsamen Haus und danach bei einer Wegteilung nicht auf dem Ranningerweg bachabwärts, sondern weiter auf dem gerade ansteigenden Weg (weiß-blau bez.), vorbei an einer imposanten Felsgruppe (links). Leicht bergauf erreichen wir eine Kuppe am Waldrand (Tiefblick auf die Donau), bald dahinter einen Gasthof. An ihm rechts vorbei und unterhalb einer Kapelle auf der Asphaltzufahrt zum **Schloss Marsbach** ❷, 486 m. Bei der Schlossmauer weisen Schilder (Donausteig) links auf einen schmalen Waldpfad. Zwei Bäche **(Marsbach, Katzbach)** querend wandern wir durch die steile Donauleiten. Unterhalb eines Hofs von **Katzbrenning** geht es längs des Waldrands über eine Wiese, dann erneut in den Wald und von dessen Ende auf einem Feldweg links hinauf nach **Dorf**, 558 m; hier kurz links und nach dem nächsten Hof wieder rechts ab. Über den Güterweg **Kerschbaumer** zum namensgebenden Hof und auf einem befestigten Fahrweg gerade weiter (Tiefblick) zum Waldrand, wo der Asphalt nach 1,4 km endet. Auf dem breiten Waldweg (stets gerade) zur **Ruine Haichenbach** ❸ – Kerschbaumerschlössl, 471 m; die Besteigung des Wohnturms, als Aussichtsplattform eingerichtet, ist kostenlos und wegen der Aussicht zu empfehlen.

Ein paar Schritte gerade weiter leiten zwei Pfade, direkt über den Bergrücken oder links in der steilen Flanke, nach ca. 750 m zum Wegweiser »Brodl-Blick«, ein 800-m-Abstecher zum Aussichtsplatz genau über dem Scheitel der Stromschlinge. Wir setzen aber den Abstieg links serpentinenreich steil durch die Donauleiten fort bis zu einem breiten Waldweg, der rechts sanfter hinableitet nach **Au** ❹, 282 m (Fähre).

An der Donau links auf den asphaltierten Treppelweg. Die sonnige Strecke endet nach 1 km (Infotafel des Naturlehrpfads), es beginnt ein leicht steigender Waldweg. Bald zeigt ein Wegweiser (»Nur für geübte Wanderer«) rechts auf schmalem Waldpfad hinab zum Fluss. Nun mehrfach stromseitig durch Drahtseilgeländer gesichert durch die Donauleiten. Einmal leitet eine Metallstiege hinauf über eine Perlgneisformation, einmal ist (absteigend) eine kurze Eisenleiter zu bewältigen, mehrfach helfen Holzstufen über glatte, rutschige Stellen, einige Rinnsale werden gequert – ein anspruchsvoller Steig. Auf einem Wiesenweg unterhalb eines Steinbruchs endet der Lehrpfad und über ein Asphaltsträßchen erreichen wir nach 500 m **Grafenau** ❺, 275 m. Bei einem Gasthof-Werbeschild kurz nach der Anlegestelle der Fähre verlassen wir den Donausteig nach links zu den Häusern, dann rechts über die Asphaltzufahrt zum gerade weiterführenden Wiesenweg und bis zum Ende eines Zauns. Hier rechtwinkelig links zum Waldrand, mit dem Wegweiser des Teufelskirchenwegs links in den Wald hinein Richtung

Niederkappel. Steil bergan und zuletzt im Rechtsbogen erreichen wir **Weikersdorf**, 540 m. Beim Haus Nr. 5 rechts auf den Güterweg und an der nahen Kreuzung (Bildstock) gerade auf den breiten Feldweg. Wo dieser rechts umbiegt, auf dem Wiesensteig gerade hinab zum **Haarmühler Bach**, 495 m. Kurz darauf über eine Brücke und am anderen Ufer bis zum Güterweg Weikersdorf; auf diesem rechts hinauf zur Straße nach Hofkirchen. Nach ihrer Überquerung geradeaus auf dem schmalen Pfad über die Böschung bzw. auf einem Feldrain über eine Kuppe zu einer Asphaltzufahrt. Diese leitet im Rechtsbogen hinauf zum Mühlviertler Dom in **Niederkappel** ❻.

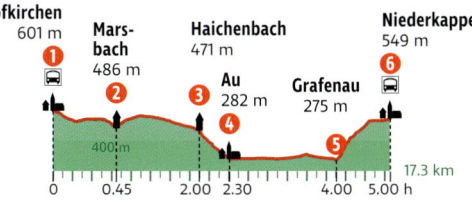

Einst gefürchtetes Raubritternest, heute Aussichtskanzel: Ruine Haichenbach.

↗ 530 m | ↘ 530 m | 19.8 km
5.30 h

3 Panoramatour im Passauer Wald

Auf dem Mittellandweg durch den Ferienpark Donau-Ameisberg

Wenn es nach der prächtigen Aussicht ginge, müsste diese Runde wohl als eine der schönsten im Mühlviertel bezeichnet werden. Auch das hoch gelegene Pfarrkirchen auf dem Bühel zählt – vor allem durch das Kirchenensemble und die einmaligen Barockfresken von Giovanni Carlone – zu den Sehenswürdigkeiten, die man in diesem Teil des Mühlviertels gesehen haben sollte.

Ausgangspunkt: Putzleinsdorf, 603 m (Navi: A-4134 Putzleinsdorf, Markt 7). Von Linz-Urfahr auf der B 127 bis Altenfelden, dann auf der Landesstraße 8 km nach Westen, bei Lembach rechts und noch 2 km nach Norden. Bus ab Linz.
Anforderungen: Aussichtsreiche Rundwanderung; schöne Waldwege, teils schmale Pfade, kurze Straßenabschnitte, mehrere längere Anstiege; bez./besch. (ab Ameisberg mangelhaft, zum großen Teil nur in der Gegenrichtung beschildert, ab Pfarrkirchen Beschilderung Richtung Osten).
Einkehr: In Putzleinsdorf, Pfarrkirchen im Mühlkreis.
Variante: Wer die Wanderung ausdehnen und einen weiteren Marktort besichtigen möchte, schwenkt vor Männersdorf rechts nach Ebrasdorf, wandert auf dem bez. Bründlweg über Mairing, Steining, Bruckmühl nach Lembach und kehrt von dort über Mayrhof (Bründlweg) und auf der Straße Neundling–Kaindlsdorf (Ökoweg) nach Putzleinsdorf zurück (5,5 km länger).

Ein typischer Mühlviertler Kirchort: Pfarrkirchen am Fuß des Ameisbergs.

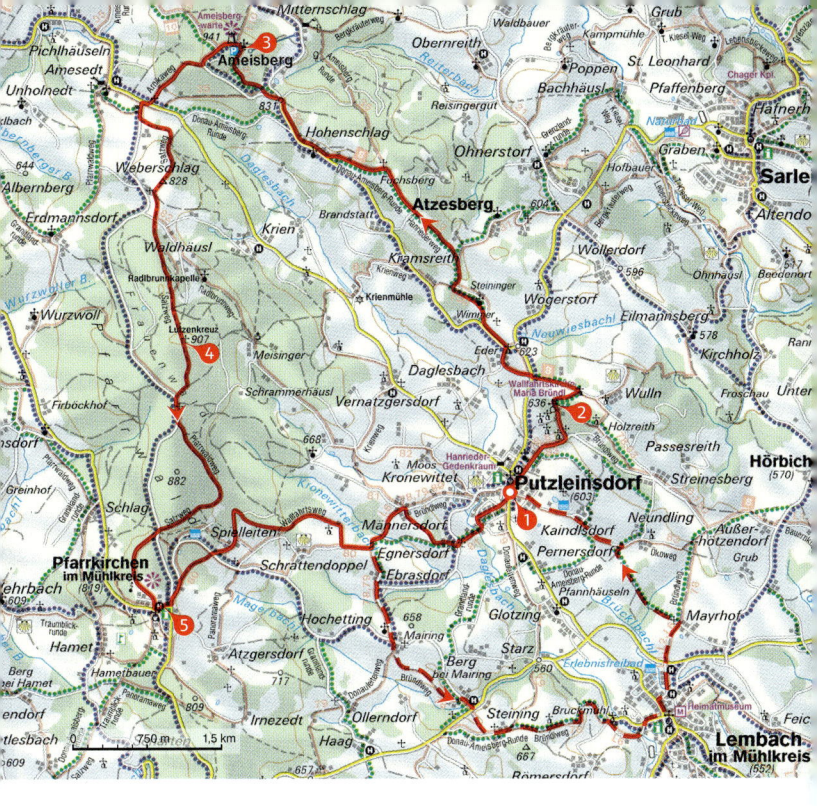

Vom Marktplatz in **Putzleinsdorf** ❶ auf der Bründlstraße Richtung Nordosten. Nach 600 m zweigt in einem kleinen Wald ein Kreuzweg links ab zur Wallfahrtskirche **Mariä Bründl** ❷, 636 m. Von hier bis zum Ameisberg folgen wir dem Mittellandweg (Nr. 150): zuerst gerade an der Kirche vorbei zum Güterweg Wulln, auf ihm links zur Straße nach Sarleinsbach, geradeaus zum Bauernhof **Eder** und hier nach links zur Straße Richtung Mitterschlag-Ameisberg. Beim Zufahrtsweg Berger führt der Weg nach links zum Waldrand und durch diesen dann sich leicht rechts haltend zu einem Feldweg nach **Hohenschlag**. Der Weg verläuft schließlich parallel zur Straße rechts auf einer Böschung. Nach einem kurzen Straßenstück verlassen wir bei einem Wasserhochbehälter die links ebenfalls zum Ameisberg führende Straße und wandern auf dem Weg Nr. 150 durch den Wald hinauf zur **Ameisbergwarte** ❸, 941 m. Links bergab erreichen wir (Weg Nr. 150) den Parkplatz, wo der Mittellandweg rechts abzweigt.

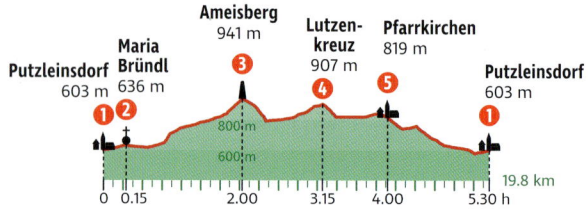

Wir setzen unsere Tour geradeaus auf dem Arnikaweg (weiß-blau) fort, gehen ein Stück bergab auf der Zufahrtsstraße und verlassen diese in einer Linkskurve nach rechts in den Wald hinein. Geradeaus zunächst steil bergab, dann über die Straße Richtung Oberkappel (herrlicher Fernblick) und durch Wiesen auf dem Pfarrwaldweg (Markierung weiß-blau, nur in Gegenrichtung bezeichnet), vorbei an Weberschlag (P. 828), und durch den Frauenwald zum **Lutzenkreuz** ❹, 907 m (höchster Punkt der Gemeinde Pfarrkirchen). Weiter im Wald zum Warzenbründl und nach Pfarrkirchen im **Mühlkreis** ❺, 819 m (sehenswerte Pfarrkirche!), wo man den Abstecher zum Panoramablick (links) einplanen sollte. Nun über den Wallfahrtsweg (Teil des Mühlviertler Jakobs-Pilgerwegs) nach **Spielleiten**. Dort nicht auf den nach rechts führenden Panoramaweg, sondern geradeaus in den Wald und durch ihn (erst in nördlicher, dann östlicher Richtung) zum Güterweg Männersdorf, auf den wir links einbiegen. Unmittelbar vor dem Kronawittetbachl nach rechts auf Feldweg den Bach querend nach **Egnersdorf**. Dort links halten und Richtung Nordosten zu einer Straße. Nach Queren des **Daglesbachs** bei der **Neumühle**, 572 m, erreichen wir auf den Ortsstraßen wieder unseren Ausgangspunkt, den Marktplatz von **Putzleinsdorf** ❶.

Die Aussichtswarte auf dem Ameisberg, errichtet 1903 auf Anregung des Putzleinsdorfer Pfarrers und Mundartdichters Norbert Hanrieder.

↗ 460 m | ↘ 440 m | 12.1 km

4 Hoch über der Kleinen Mühl

4.00 h

Ein Höhenweg zu abgelegenen Einschichthöfen und sagenumwobenen Felsgebilden

Diese Streckenwanderung führt durch extrem einsame und abgelegene Gegenden, in denen wunderschöne Mischwälder, kuriose Felsformationen und fantastische Ausblicke den Wanderer erfreuen.

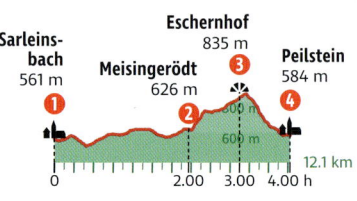

Ausgangspunkt: Sarleinsbach, 561 m (Navi: A 4152 Sarleinsbach, Marktplatz 2). Ab Linz-Urfahr auf der B 127 bis Altenfelden, dann 10 km nach NW; Parken nördl. des Ortszentrums an der Straße nach Kollerschlag.
Endpunkt: Peilstein, 584 m. Bus ab Linz bis Rohrbach bzw. Sarleinsbach, nur wochentags regelmäßiger Busverkehr Rohrbach – Sarleinsbach und Rohrbach – Peilstein in beiden Richtungen.
Anforderungen: Bez. Streckenwanderung; schöne Wege, schmale, steinige Pfade, teilweise recht steile An- und Abstiege.
Einkehr: Unterwegs keine; mehrere Ghf. in Sarleinsbach und Peilstein.
Tipp für die Wochenenden: Wer lieber eine Runde geht, folgt beim Kühstein dem gut bez. Weg Nr. 34 über Rutzersdorf (sehenswerte Jst. Brezerhäusl, nur So. nachmittags offen) 10,5 km zurück nach Sarleinsbach (weitgehend auf Güterwegen, 6 km/1¼ Std. länger).

In **Sarleinsbach** ❶ auf der Straße nach Kollerschlag nordwärts hinab zu einer Wegtafel: Brezer Jausenweg, Weg 34 (Pfeile mit Nr. 34 nur in einer Richtung, wie hier beschrieben), links auf Güterweg Beichtler, dann rechts durch Siedlung in den Wald zur **Chager Kapelle** (Augenbründl). Ab der Kapelle, 542 m, auf dem Fahrweg abwärts in 5 Min. wieder zur Straße, auf ihr links 200 m weiter (über den **Lichtenbach**) bis zum Wegweiser rechts des Brezer Jausenwegs. Über ihn empor nach **Innerhötzendorf**, 585 m. Im Ort erst links und bei der Einmündung eines Güterwegs auf diesem rechts. Eine

In Sarleinsbach.

weitere Straße queren und auf der Zufahrt gerade nach Femberg, wo wir rechts abbiegen. Dahinter auf der aussichtsreichen Kuppe, 615 m, links zum Wald und auf schönem Weg am Hang des Schaubschläglbergs zu einem Einschichthof. Vor diesem am Waldrand rechts, dann links hinab zum Auerbach mit der Frasmühle, 575 m. Nach der Bachbrücke links, vorbei an einer Felsgruppe in der Wiese (Steinerne Heufuhre) und erneut in den Wald. Auf dem alten Mühlweg hinauf nach **Meisingerödt** ❷, 626 m, und zum Stoanaweg. Hier rechts, 200 m bergab über die Zufahrt und nach einem Rinnsal links zum Wald; durch diesen steil auf steinigem Pfad vorbei am Bründlstein (Opferschalen) auf den Waldkamm mit dem Kühstein, 710 m (schönes Panorama). Kurz danach biegt bei einer Kreuzung der Weg Nr. 34 nach rechts; wir aber wandern gerade auf dem Waldkamm weiter (Weg der Entschleunigung).

An einem Querweg nicht dem Stoanaweg-Pfeil links (Stratberg), sondern rechts der Markierung Weg der Entschleunigung folgend bergan zu einem Güterweg. Über diesen links 500 m hinauf nach **Eschernhof** ❸, 835 m (kurz zuvor links Abstecher von 10 Min. auf Weg Nr. 4b zum Drucker-Franzl-Stein, einst ein Räuberunterschlupf). Bei den Höfen rechts ab und auf dem Weg der Entschleunigung (zugleich Falkensteinerweg Nr. 110, rwr, Hochwaldweg Nr. 36) auf eine Kuppe (Trockenbiotop Hämmerau, Adalbert Stifters Hochwaldblick), dann über Wiesen hinunter zum Wald. Durch diesen rechts auf steinigen Pfaden steil hinab, bis auf einen Querweg stoßen, der links zu einem breiten Fahrweg führt. Auf diesem rechts hinunter zu den Höfen von **Berging**. Hinter dem rechten Hof rechts hinab auf einem Wiesensteig über eine Weide zum **Wäschbach**, 565 m. Jenseits ansteigend auf den Färberweg und rechts auf der Höhenstraße kurz hinab nach **Peilstein** ❹.

↗ 400 m | ↘ 400 m | 16.0 km

5 Aussichtsreiches am Böhmerwald

4.00 h

Unterwegs im westlichen Mühlviertel an der Grenze zu Bayern

Auf dieser Tour, einer Kombination aus mehreren Wanderwegen (Böhmerwald Rundweg, Falkensteinerweg, Hochwaldweg, Stoanaweg, Nebelberger Rundweg) erkundet man eindrucksvoll die Landschaft des oberen Mühlviertels an der Grenze zu Bayern.

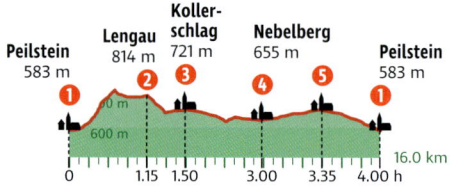

Ausgangspunkt: Peilstein, 584 m (Navi: A 4153 Peilstein, Markt 9). Von Linz-Urfahr auf der B 127 bis 5 km hinter Rohrbach, dann westl. 9 km auf der B 38; von Passau auf der B 388/B 38; Start bei der Kirche; Parken bei der Kirche und beim nahegelegenen Friedhof. Bus ab Linz, Bahn ab Urfahr-Mühlkreisbhf. bis Rohrbach, dann Bus.
Anforderungen: Rundwanderung auf Waldwegen, teils auch asphaltierte Wirtschafts- bzw. wenig befahrene Güterwegen; fast immer gut markiert.
Einkehr: Peilstein, Kollerschlag, Gh. Jagawirt nahe Nebelberg und Sportpension Raml / Vordernebelberg.

Die sanfte Hügellandschaft bei Kollerschlag.

Von der Kirche in **Peilstein** ❶ folgen wir dem Böhmerwald Rundweg (BWR, blau), dem Falkensteinerweg (110 rwr) und dem Hochwaldweg (36) in die Hohe Straße, queren das Wäschbachl, halten uns danach links und wandern dann im Rechtsbogen erst über eine Wiese zu einem Bauernhof und anschließend stetig bergauf im Hochwald, den wir kurz vor den ersten Häusern wieder verlassen. Hier biegt der Falkensteinerweg nach links ab, wir aber erreichen auf dem Dreiländerblickweg (39) scharf nach rechts in einer S-Kurve auf dem asphaltierten Zufahrtsweg eine Anhöhe und biegen anschließend nach rechts auf einen Güterweg ein. Diesen verlassen wir schon beim nächsten Haus wieder nach links, passieren ziemlich eben die Josefikapelle und gelangen nach **Lengau** ❷, 765 m. Nach links ist ein Abstecher zur Wolfsgrube (Raubtierfalle, 10 Min.) möglich. Der Weg biegt im Ort nach rechts; vor uns sehen wir in 1,5 km Entfernung schon **Kollerschlag** ❸. Wir wandern auf dem Stoanaweg (11 und 11a) und Böhmerwald Rundweg und biegen dann links in den Leitenweg. Zuletzt erreichen wir die Sarleinsbacher Straße und auf dieser nach rechts den Ort. Beim Gemeindeamt gehen wir nach rechts zum Marktplatz und biegen hier links ab auf die Straße Richtung Wegscheid / Bayern. Beim Schild Schöffgasse / mittelalterlicher Handelsweg von der Donau nach Böhmen rechter Hand verlassen wir Kollerschlag in nördlicher Richtung. Vor uns sehen wir den Kamm des Böhmerwaldes mit Hochficht und Dreisesselberg. Nach einem Wegkreuz wandern wir nach links zur Kollerschlägermühle an der bayerischen Gren-

Die Pfarrkirche in Kollerschlag.

ze. Nach Querung des Kollerschläger Baches bei der Mühle erreichen wir nach einer Kuppe die Donabauerkapelle unweit eines markanten Betriebsgebäudes. Wir biegen nach links ab (BWR und Nebelberger Rundweg 16) und gelangen nach einer weiteren Bachbrücke zu den ersten Einfamilienhäusern nahe Nebelberg. Ein kurzer Abstecher zum Sportzentrum bietet eine Einkehrmöglichkeit im Gh. Jagawirt. Über eine neue Einfamilienhaussiedlung in Stift am Grenzbach (Nussteig 1–15) und dann nach rechts über den Pfeilbach bei der Pfeilmühle gelangen wir nach **Nebelberg** ❹, 695 m. Wir spazieren durch die lang gezogene Ortschaft und halten uns kurz vor der Ortsendetafel in einer Linkskurve geradeaus auf asphaltiertem Weg (Radweg 806 / 808). Durch eine Senke geht die Wanderung in einer S-Kurve bergauf nach **Vordernebelberg** ❺. In der Ortschaft erreichen wir geradeaus auf dem BWR über den Mösbach die Bundesstraße B 38. Wir folgen ihr nach links bis zu einem großen Hühnerfreilaufgehege rechter Hand vor der Ortschaft Geretschlag. Beim Stallgebäude halten wir uns nach rechts auf Schotterweg bergab, vorbei an einem Wasserhochbehälter und einer Kompostieranlage erreichen wir entlang des Wäschbachls durch eine Einfamilienhaussiedlung wieder das Ortszentrum von **Peilstein** ❶.

↗ 780 m | ↘ 780 m | 23.1 km

7.00 h

Dreiländerrunde zum Plöckenstein

TOP 6

Auf Adalbert Stifters Spuren

Auf der grenzüberschreitenden Runde durch A. Stifters Hochwald genießt man die Höhepunkte des Böhmerwalds: das Steinerne Meer mit seinen mit Legföhren bewachsenen Blockhalden, den Dreisesselfels mit weitem Blick ins Böhmische und den höchsten Mühlviertler Berg, den Plöckenstein, mit dem A.-Stifter-Obelisk an der steil zum malerischen Karsee abfallenden Seewand.

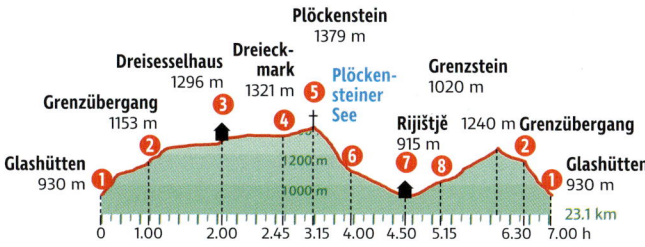

Ausgangspunkt: Glashütten, 930 m, 3,5 km nördl. von Schwarzenberg (Navi: A-4164 Schwarzenberg am Böhmerwald 65). Ab Linz-Urfahr auf der B 127 bis Aigen, dann 19 km nördl. über Ulrichsberg, Schwarzenberg, Oberschwarzenberg; Parkplatz am Güterwegende. Bahn ab Linz-Urfahr, Mühlkreisbhf. bis Bhf. Rohrbach-Berg, dann Bus (nur bis Schwarzenberg).
Anforderungen: Lange, anstrengende Rundwanderung; meist durch Wald, teils schmale, steile Pfade, teils Forststraßen; großer Höhenunterschied; gut bez./besch.; Proviant mitnehmen!
Einkehr: Dreisesselhaus, Kiosk Rijištjĕ (bei Schönwetter); in Oberschwarzenberg und Schwarzenberg.
Hinweis: Grenzübertritt am Plöckenstein für Fußgänger, am Seeweg auch für Radfahrer (April–Okt.); Reisedokumente!
Varianten (verkürzt): a) Statt über den Dreisesselberg entlang der Grenze in 25 Min. zum Dreieckmark (6 km kürzer). b) Vom Plöckenstein ohne Abstieg zum See in 40 Min. längs der Grenze bis zum Grenzposten (4 km kürzer). c) Wie b)., aber nach 600 m direkt in 25 Min. südw. zum Kammweg (8 km kürzer).

Dreiländermark: Bayern, Tschechien und Oberösterreich.

Einer der bekanntesten Berge im Böhmerwald: der Dreisesselberg (tschechisch Třístoličník), 1333 m.

Vom Parkplatz in **Glashütten** ❶ dem Wegweiser folgend in 25 Min. hinauf zur **Teufelsschüssel**, 1108 m (Aussichtsfels, Gipfelkreuz). Hier links auf den Böhmerwald Rundweg (rot) und nach 20 Min. auf den Nordwaldkammweg (blau-weiß) beim **Grenzübergang** ❷, 1153 m, nach Bayern. Während die rote Markierung rechts entlang der Grenze weiter bergan zum Dreieckmark zieht, überschreiten wir die Grenze, wandern auf dem Kammweg westwärts zu den Granitblöcken des **Steinernen Meeres** und danach flacher durch lichten Wald (Stiftersteig) hinauf zum Dreisesselfels (Tristoličnik), 1312 m, mit bayerischem **Schutzhaus** ❸ – 700 m nördlich des Hochstein, 1332 m, mit Gipfelkreuz. Vom Haus ein Stück zurück und direkt entlang der Grenze (rot) am Hochkamm, vorbei am bayerischen Plöckenstein (1364 m) zum **Dreieckmark (Trojmezní)** ❹, 1321 m (¾ Std. ab Schutzhaus). Mit der roten Markierung entlang der Grenze zum **Plöckenstein (Plechý)** ❺, 1379 m. Hier gelb markiert links auf böhmisches Gebiet und entlang der Seewand zum **Adalbert-Stifter-Obelisk**, 1310 m (Tiefblick); steil in Kehren hinab zum **Plöckensteiner See (Plešné-jezero)** ❻, 1085 m (40 Min. ab Gipfel). Mit der grünen Markierung rechts (südöstlich) erst durch Wald, später nordöstlich bergab durch ein steiniges Bachbett und rechts zu einer Forststraße (P. 955); auf ihr zum **Imbisskiosk Rijištjë** ❼, 915 m. Nun rechts (blau) auf einer Forststraße steil hinauf zum Grenzposten beim **Grenzstein I/10** ❽, 1020 m (½ Std. ab dem Kiosk), wieder rechts (rot) zum Klafferbach und auf den Kammweg (blau), der rechts auf einer Forststraße stetig bergan durch die **Grundseeau** und den Buchenwald zieht (P. 1158; lohnender Abstecher 250 m links zu Stifter-Quelle und Liseibild). Am höchsten Punkt, 1240 m (¾ Std. ab Grenze) mündet rechts der direkte Abstieg vom Plöckenstein. Weiter auf dem Kammweg bleiben und in 20 Min. wieder zum **Grenzübergang** ❷ nach Bayern; hier links (südlich) mit der blauen Markierung des Kammwegs entlang der Grenze am **Gegenbach** in 25 Min. hinunter zum Parkplatz ❶.

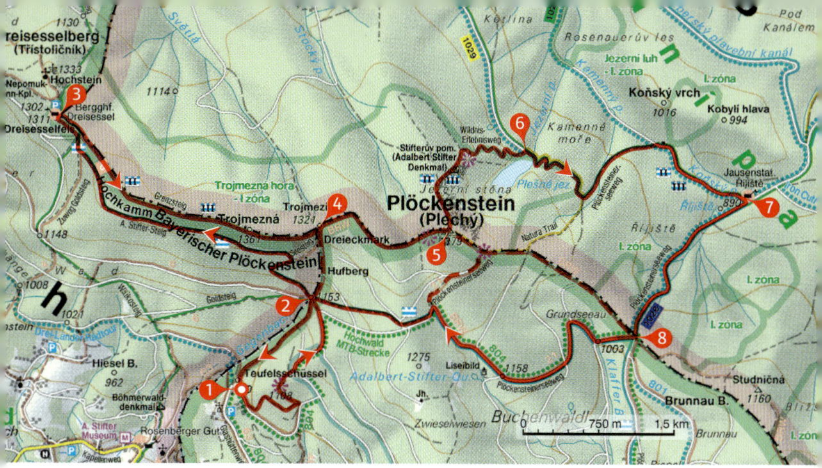

Nach den Sturmschäden und dem nachfolgenden Käferbefall erholt sich der Nationalparkwald auf natürliche Weise wieder.

↗ 920 m | ↘ 920 m | 29.8 km

7 Diesseits und jenseits des Böhmerwaldkamms

9.00 h 🍴

Durch riesige Waldgebiete auf beiden Seiten der Grenze

»Böhmerwald pur« vermittelt diese lange, prachtvolle Wanderung auf beiden Seiten der Staatsgrenze zu einigen der beliebtesten Ausflugsziele in Adalbert Stifters Hochwald.

Ausgangspunkt: Pfaffetschlag, 670 m (Navi: A-4161 Ulrichsberg, Pfaffetschlag). Von Linz-Urfahr auf der B 127 über Rohrbach, Aigen, 7 km nördl. weiter vorbei an Ulrichsberg bis Salnau, hier rechts (N) 2,5 km auf dem Güterweg; Start bei der Dorfkapelle; Parken an der Dorfstraße. Bus ab Linz, Rohrbach bzw. von Aigen-Schlägl (Ende der Mühlkreisbahn), nur bis Klaffer, von dort 2 km Straße.

Anforderungen: Sehr lange, anstrengende Rundtour; großer Höhenunterschied, Ausdauer nötig; schöne Forstwege, teils auch schmale, steinige Pfade, meist im Wald; durchgehend bez./besch.

Einkehr: In Pfaffetschlag, Schöneben (Natur- und Vitalhotel Innsholz), Sonnenwald (Gh. Blauer Hirsch), Holzschlag (mit Herberge), Klaffer, Ulrichsberg; Jst. Moldaublick.

Hinweis: Reisedokument für den Grenzübertritt (1.4.–31.10., 8–18 Uhr)!

Variante: Abkürzung, ohne tschechisches Gebiet zu berühren: In der Zigeunerau nicht rechts zum Grenzübergang, sondern 250 m geradeaus, dann links 1 km auf der Straße, vorbei an der Heimatvertriebenenkirche bis 500 m vor dem Ghf. in Schöneben; hier rechts (Nordwaldkammweg, blau-weiß) durch Wald vorbei am Grüneislfelsen, unter Fleischhackerberg und Hochficht zum Stinglfelsen, 1260 m, Lifte und Abfahrten des Skigebiets querend in Linksbogen hinab nach Holzschlag zur Hauptroute (9 km, 2½ Std. ab Abzweigung, 5,5 km kürzer, gesamt 25,5 km). Weitere Abkürzung (Hauptroute um 4 km, Variante um zusätzlich 6,5 km), wenn man in Schöneben nicht zum Moldaublick, sondern vom Ghf. auf der Straße Richtung Grenze wandert.

Tipp: Die Touren 6 und 7 (mit Übernachtung in Holzschlag und/oder im Dreisesselberg-Schutzhaus) zu einer mehrtägigen Böhmerwaldtour verbinden.

Der Alpenblickturm, an der Zufahrtsstraße zum Moldaublick gelegen, ist einen Abstecher wert.

Blick zum Moldaustausee und nach Horní Planá (Oberplan), dem Geburtsort von Adalbert Stifter.

Von der Kapelle in **Pfaffetschlag** ❶ wandern wir rechts auf dem Güterweg (beschilderter Böhmerwaldrundweg), queren einen Bach, folgen dem Sträßchen in einer S-Kurve bergan und kommen im Wald zum **Angerholzkreuz**. Hier nach links bergan stoßen wir auf den von Lichtenberg kommenden Güterweg, in den wir links einbiegen. Bald endet der Asphalt, in mäßigem Anstieg erreichen wir auf schönen Waldwegen **Schöneben** ❷, 937 m. Nach Querung der Straße (Ghf.) kurz entlang der Zufahrt zur Warte auf dem Nordwaldkammweg (blau-weiß, Nr. 105), dann links auf die Forststraße Schöneben (rwr) und zum viel besuchten Aussichtsturm **Moldaublick** ❸, 1020 m (Jst., Holzschauhaus). Wir setzen unsere Wanderung 200 m in derselben Richtung auf der Zufahrt fort, biegen aber bald links (rwr) in den Wald. Der Böhmerwaldrundweg bringt uns, vorbei an der **Veicht(Wolfs-)kapelle** nahe dem Forsthaus des Klosters Schlägl nach **Sonnenwald** ❹, 830 m (Ghf., Mo./Di. geschlossen).
Auf dem Weiterweg links (Asphaltstraße durch die **Zigeunerau**) sieht man Reste des **Schwarzenberg-Schwemmkanals**. Nach 1,5 km wendet sich die Markierung (auch blaue CZ-Schwemmkanalmarkierung) rechts weg vom Asphalt und führt durch Wald hinab zum **Grenzposten** ❺, 885 m, des Übergangs nach Zvonková (Glöckelberg).

Reste des Schwarzenberg-Schwemmkanals.

Im Böhmischen sehen wir kurz nach einer Bachquerung links den Wegweiser »U Tokaniště« (rot). Mäßig bergan halten wir uns in **Tokaniště**, 1015 m, erst rechts, dann links und wandern auf einer Forststraße weiter, bis wir scharf links Richtung Grenze abbiegen. Über alte Baumstämme und durch hohen Farn (Naturschutzgebiet) auf dem steilen, schmalen, steinigen Pfad zum **Hochficht (Smrčina)** ❻, 1338 m. Nun rechts direkt entlang der Staatsgrenze zum **Schönbergfelsen** (Gipfelkreuz), 1242 m, und am Reischlberg (Hraničnik), 1281 m, vorbei, dann im kleinen Bogen rechts auf tschechi-

schem Gebiet zur **Studničná (Brunnauberg)**, 1159 m, und wieder zurück zur Grenze. An ihr entlang zum Grenzübergang beim **Grenzstein I/10** ❼, 1020 m. Hier links zum Nordwaldkamm (blau-weiß, auch Plöckensteinerseeweg) und bergab auf einer Forststraße, vorbei an den Rehberg-Skiliften, nach **Holzschlag** ❽, 900 m.

Der Kammweg biegt links ab, wir folgen jedoch der Straße. Bei der nächsten Straßenkreuzung geradeaus, über den **Stinglbach** und bei der Linksbiegung der Forststraße auf der **Schreiwiese** gerade weiter auf den Panoramaweg. Dieser bringt uns südlich durch Wald, zuletzt über Wiesen, hinab nach **Pfaffetschlag** ❶.

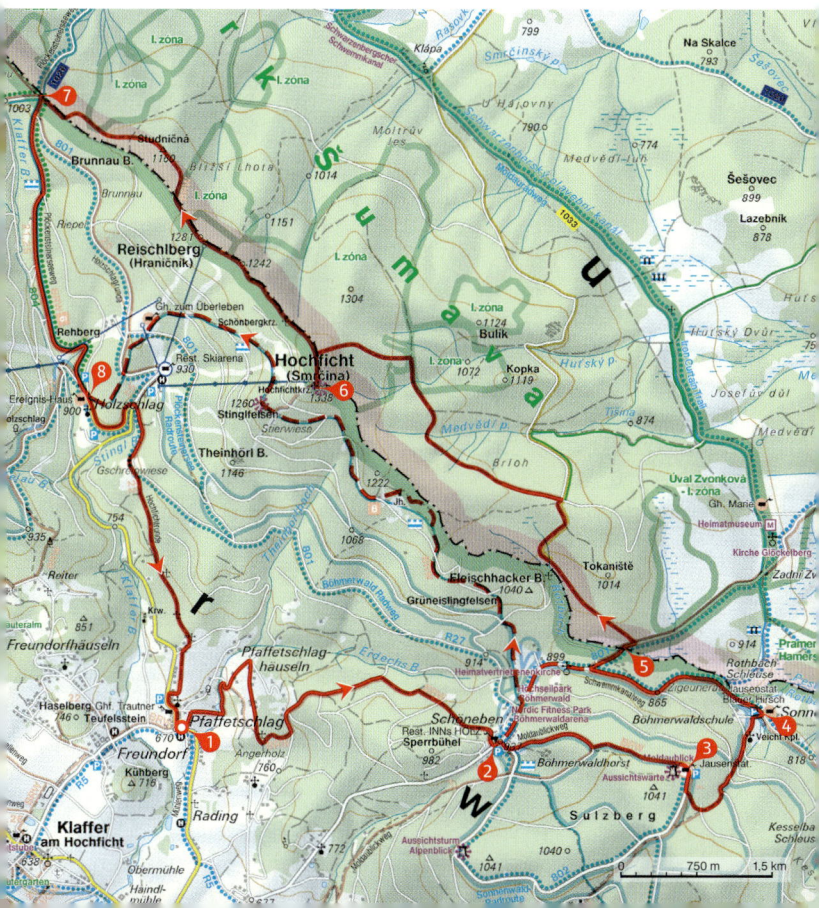

↗ 360 m | ↘ 360 m | 16.9 km

8 Im Gebiet der Schlägler Chorherren an der Großen Mühl

4.45 h

Vom Prämonstratenserstift über den »heiligen Stein« nach Ulrichsberg

Die Rundtour über und an der Großen Mühl verbindet Kultur und Natur auf angenehme Weise. Sie ist aufgrund der wenig anstrengenden Wegführung, vor allem auf dem ebenen, schönen Rückweg entlang des Mühlflusses, für Familien gut geeignet.

Ausgangspunkt: Stift Schlägl, 544 m (Navi: A-4160 Schlägl, Schlägler Hauptstraße 4). Von Linz-Urfahr auf der B 127 über Rohrbach. Bahnhaltestelle Schlägl der Mühlkreisbahn (555 m; ab Linz-Urfahr, Mühlkreisbhf.); Start: Parkplatz vorm Stift.

Anforderungen: Wenig anstrengende Rundwanderung; Rückweg eben; als Tagestour empfehlenswert; gesamte Strecke bez. (erster Teil auf Weg Nr. 110/ rwr gut, danach teils dürftig).
Einkehr: In Schlägl, Ulrichsberg und Aigen im Mühlkreis (kurzer Abstecher).

Hinter dem Parkplatz beim **Prämonstratenserstift Schlägl** ❶ – Bahnfahrer erreichen ihn von der Haltestelle Schlägl in 10 Min. durch die geradeaus westwärts ins Tal führende Allee – auf der Straße Richtung Rohrbach, über die Große Mühl, gegenüber der Raiffeisenbank rechts auf den Güterweg (gelbe Tafeln »St. Wolfgang«, Falkensteinerweg Nr. 110/rwr, auch Böhmerwaldrundweg) und bergauf durch die Siedlung. Kurz flacher, dann nach rechts, später links im Wald bergan zur wunderschön renovierten Kirche in **St. Wolfgang am Stein** ❷, 738 m. Auf dem Güterweg Oberneudorf in den Wald und an dessen Ende scharf rechts ab (Ödenkirchner Weg). Vorbei an einem Steinbruch nach Mitterreit. Nördlich des Orts auf einen Waldweg und am **Hochbühel** (links, 877 m) vorbei nach **Ödenkirchen** ❸, 690 m, wo der Legende nach das erste Kloster gewesen sein soll. Am alten Feuerwehrzeughaus vorbei, nach einem Bauernhaus links ab und nach Querung der Straße geradeaus auf dem Güterweg Fuchslug weiter. Beim

Die Wallfahrtskapelle von St. Wolfgang am Stein.

nächsten Feldweg rechts und vor dem Wald scharf links nach Kandlschlag, 633 m. Hier kurz über einen Güterweg. In der zweiten Waldpassage auf einem Steig links und bergab zur **Großen Mühl**, 562 m, die wir beim Ulrichsberger Bad queren. Kurz flussaufwärts, dann rechts und steil bergauf nach **Ulrichsberg** ❹, 626 m. Den Marktplatz abwärts wandernd über die Linzer Straße und in die Falkensteinstraße, die uns über Erlet (Sägewerk) wieder hinab zur Mühl bringt. Nach der Brücke links und auf dem Wanderweg Große Mühl entlang des Flusses zu den **Bruckhäuseln** ❺; dort hinüber auf die linke Flussseite. Vor dem letzten Haus rechts auf dem Wiesenweg wieder zum Fluss und bis zum Bad von **Aigen**. Auf der Zufahrt südwärts, links auf der von Ödenkirchen kommenden Straße aus dem Tal und zur Straße Schlägl–Aigen; dann nach rechts zum **Stift Schlägl** ❶ oder geradeaus in etwa 10 Min. zur Bahnhaltestelle.

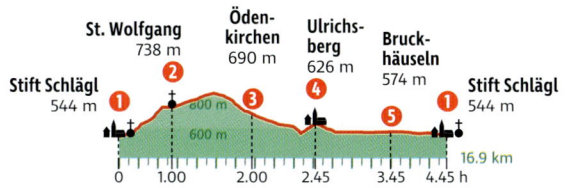

↗ 610 m | ↘ 610 m | 25 km

9 Auf dem Waldsteig durch den Böhmerwald

7.00 h

🚌 ✕

Eine hohe Runde vom Mühltal zum Bärenstein

Bei höherem Wasserstand reicht in der Bayerischen Au eine Bucht des Moldaustausees bis auf österreichisches Gebiet. Dorthin führt uns der von Aigen ausgehende Waldsteig, vorbei am A.-Stifter-Denkmal, entlang des Schwarzenberg-Schwemmkanals, durch ein einzigartiges Moor und auf einen Felsgipfel mit prächtiger Aussicht auf das von A. Stifter beschriebene Waldgebiet.

Ausgangspunkt: Aigen im Mühlkreis, 600 m (Navi: A-4160 Aigen, Marktplatz 17). Von Linz-Urfahr auf der B 127 über Rohrbach; Parkplatz beim Feuerwehrhaus bzw. Wasserbehälter. Endpunkt der Mühlkreisbahn ab Linz-Urfahr.
Anforderungen: Lange Runde; (Wald-)Wege; bez. (grünes Dreieck); ab Parkplatz beim Wasserbehälter ca. 2,5 km kürzer.
Einkehr: In Aigen und Oberhaag; Ghf./Jst. Witiko in Grünwald (Ü); Panyhaus (Di.–So.).
Variante: Mit dem Pkw ab Aigen bis Ghf. Oberhaag, dann wie oben bis Panyhaus und über den Kammweg zurück nach Oberhaag (ca. 5 km/250 Hm/1.30 Std. weniger).

Vom Marktplatz in **Aigen** ❶ auf Weg Nr. 110 nordwärts (das grüne Dreieck des Waldsteigs begleitet uns die gesamte Tour) bis zu einem Wasserbehälter, 660 m (1,3 km, Parkmöglichkeit). Kurz dahinter rechts (grünes Dreieck) ab, im Wald zur **Michaelsquelle** und rechts bergan zum Hochbehälter Berghäusl. Auf der Straße hinauf zur Kehre unterhalb der **A.-Stifter-Herberge**, 855 m (A.-Stifter-Obelisk), und von dort gerade, fast eben, zur **Schwedenschanze** in **Oberhaag** ❷, 836 m, wo wir auf die blaue Kammwegmarkierung treffen. Oberhalb des Gasthofs an der Kontinentalwasserscheide über die

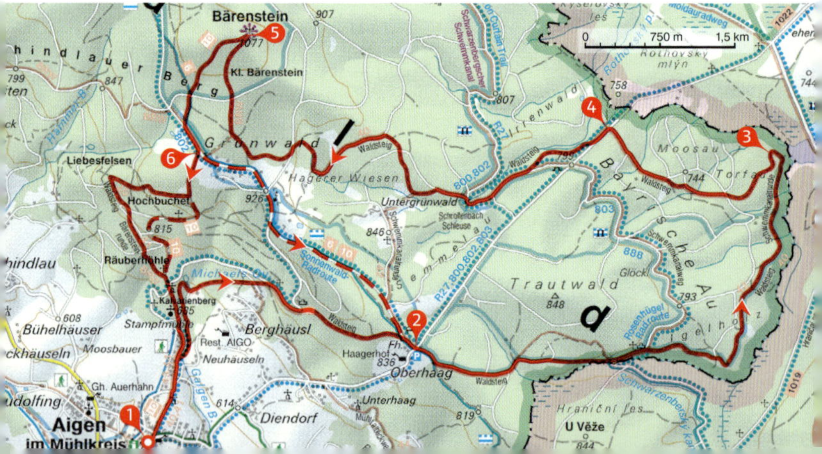

Mühlviertler Granitmarterl bei Aigen.

Straße zur Grenze und kurz darauf im Wald vom Kammweg nach links ab. Am Waldsteig erreichen wir den Iglbachdurchlass, 790 m (touristischer Grenzübergang), einen Teil des **Schwarzenberg-Schwemmkanals**, und biegen kurz darauf am Kanal auf den Weg (nordwärts) parallel zur Grenze. Teils auf Knüppeldämmen in die **Bayerische Au** ❸ am **Moldaustausee**, 725 m (Naturschutzgebiet), mit dem einzigen Spirkenhochmoor Österreichs. Auf Knüppelpfad und Waldwegen zur Straße nach Untermoldau (Dolni Vltavice) und auf ihr kurz links. Beim alten **Zollhaus** ❹, 780 m, rechts auf einen Waldweg und auf der Kanalstraße entlang des Schwemmkanals (hier auch eine tschechische blaue Markierung). Kurz nach der restaurierten Schrollenbachschleuse links auf die Forststraße Watzlholz und auf dem Waldweg nach Untergrünwald. Hier nicht mit den grünen Punkten nach links, sondern rechts mit dem Dreieck zu den Hagerer Wiesen in Grünwald, 925 m. Bei der Querung einer Forststraße (Wegweiser »Bärenstein, 35 min.«) sieht man einige Schritte gerade weiter die **Jausenstation Witiko** (herrlicher Blick auf den Moldaustausee). Rechts von der Straße abzweigend auf Waldwegen hinauf zu den Felsblöcken des **Bärensteins** ❺, 1077 m, mit herrlicher Fernsicht. Weg Nr. 110 und Dreieck treffen am Westabstieg wieder auf den Kammweg und leiten hinab zur Straße; auf dieser links zum **Panyhaus** ❻, 950 m (25 Min. ab Gipfel), wo der Kammweg auf Weg Nr. 110 rechts verlassen wird. Ein kurzes Stück bergab, bis im Wald die grüne Markierung rechts abzweigt (alternativ, kürzer auf Nr. 110 weiter bergab). Am **Hochbuchetfels** bietet sich ein schöner Blick ins Tal der Großen Mühl. Beim **Liebesfelsen**, 810 m, scharf links bergab, mehrere Forststraßen querend, und wieder zum Weg Nr. 110; über einen Fitnessweg zum Parkplatz am Hochbehälter und nach **Aigen** ❶.

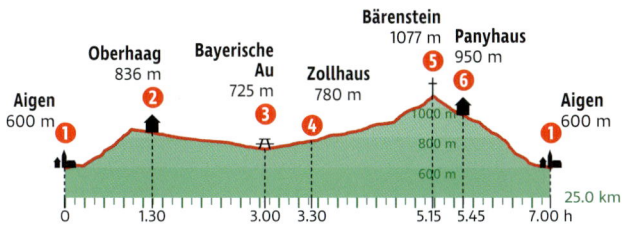

↗ 240 m | ↘ 240 m | 15.4 km

3.45 h

10 Große Mühl und Schwemmkanal

🚌 ✕ 🍴 👣

Am Steilstufenweg auf den Spuren der Scheiterschwemme

Eines der einsamsten Talstücke der Großen Mühl bildet den Auftakt dieser Wanderung zur Steilstufe des Schwarzenberg-Schwemmkanals, technische Meisterleistung des 18. Jahrhunderts und Höhepunkt der schönen Rundtour.

Ausgangspunkt: Haslach, 501 m (Navi: A-7170 Haslach an der Mühl, Lichtenauerstraße). Von Linz-Urfahr über Gramastetten, St. Veit im Mühlkreis, St. Peter am Wimberg; Parkplatz gegenüber dem Freibad (an der Großen Mühl). Bus ab Linz; Bahn ab Linz-Urfahr, Mühlkreisbhf. bis Bhf. Haslach, dann 3 km per Bus.
Anforderungen: Leichte Rundtour; z. T. schmale Pfade, am Ende 2,5 km Asphalt; beschildert, teils bez.
Einkehr: In Haslach Bad-Kiosk (Sommer), mehrere Ghf. im Zentrum; Jst. Furtmühle; Ghf. Auinger in Schwackerreith.

Vom Freibad-Parkplatz in **Haslach** ❶ zur Bundesstraße und nach links in der Bergstraße auf dem »Steilstufenweg« (Wegweiser Nr. 78) bergan sich links haltend durch die Siedlung. Bei der Einmündung in den Güterweg Jaukenberg weiter nach links; wir sehen Schloss Lichtenau zu unserer Linken. An der nächsten Gabelung nach rechts auf den Güterweg Bärenholz. Bei einem markanten Bauernhof endet der Asphalt und auf einem Feldweg geradeaus erreichen wir den Güterweg Ödt. Nach links gelangen wir in **Unterurasch** ❷ zum **Zwettlbach**, unmittelbar nach der Brücke nach rechts und auf einem schönen Waldweg bachaufwärts. Bergauf durch Wald, über eine Wiese und weiter im Wald führt die Markierung 78 »Steilstufenweg« nach Querung eines Bächleins auf die Freifläche östlich von St. Oswald bei Haslach. Nun nach rechts und steil bergab zum **»Hauptgränzenstein«**, 600 m, der Landvermessung von 1788. Direkt an der Staatsgrenze

Der Schwarzenberg-Schwemmkanal bei St. Oswald.

auf der steilen Gefällestrecke des gut erhaltenen Bauwerks aufwärts, an deren Ende sich zwei Möglichkeiten des Weiterweges ergeben: entweder scharf links nach Morau und St. Oswald bei Haslach, oder geradeaus und in einem weiten Linksbogen auf dem Waldweg (Nr. 70) zum Zollhaus (Variante). Nun nach links folgen wir der Nordwaldkammweg-Markierung blau/Nr. 105 ins Ortszentrum von **St. Oswald bei Haslach** ❸, 658 m.

Weiter auf dem Nordwaldkammweg über einen Wiesenweg nach Schwackerreith, 550 m. Hier auf der Schlägler Straße kurz links und dann rechts auf den ländlichen Zufahrtsweg Schwankerreith, den wir in einer Linksbiegung nach rechts zur **Furtmühle** ❹, 510 m (Jst.) verlassen. Wir folgen dem Nordwaldkammweg auf einem Güterweg über die Große Mühl bergan nach **Gattergassling**, 549 m. Hier nach links zur Großen Mühl hinunter und dem schönen Pfad ca. 2,5 km direkt am Flussufer folgend nach **Haslach** ❶. Bei Hochwasser oder feuchtem Wetter sollte man der Nordwaldkammweg-Markierung (Nr. 105) folgen. Über **Gstocket** und **Spielleiten** gelangt man dann ebenfalls zur Brücke über die Große Mühl und retour nach Haslach.

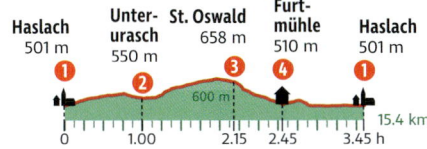

11 — **Erlebniswelt Granit und Schwarze Kuchl**

↗ 350 m | ↘ 350 m | 19.7 km
5.15 h

Oberhalb und entlang der Großen Mühl

Einem aussichtsreichen ersten Teil mit Informationen über die Granitwelt folgt bei dieser Runde ein relativ bequemer Rückweg durch das romantische Tal jenes Flusses, der dem Land seinen Namen gegeben hat – trotz des oberhalb liegenden Kraftwerkstausees immer noch ein rauschendes Engtal mit einer besonderen Attraktion, der Schwarzen Kuchl.

Ausgangspunkt: Unterhalb von Neufelden in Unternberg, 455 m (Navi: A-4120 Neufelden, Unternberg). Von Linz-Urfahr auf der B 127, nach ca. 28 km abzweigen nach Neufelden; Start, Parkplatz bei der (»Goldenen«) Brücke über die Große Mühl. Bus ab Linz; Bahn ab Urfahr-Mühlkreisbhf. bis Neufelden, von dort auf der Straße längs des Flusses ca. 500 m abwärts.
Anforderungen: Gute Wege und Pfade; nur teilweise markiert/besch.; steiler Anstieg aus dem Mühltal (unbez., Orientierung jedoch unschwierig), bei Kleinzell Güterwege/Straße, dann schöne Wege meistens bergab; Untermühl–Partenstein 1 km Straße, im Mühltal kein Asphalt, in der Summe nur leicht ansteigend; bei feuchtem Wetter rutschig, gutes Schuhwerk erforderlich.
Einkehr: In Unternberg (auf dem Weg vom Bhf. zur Mühlbrücke), Kleinzell, Plöcking (Abstecher), Untermühl, Neufelden.
Tipp: Wer per Bahn anreist und nur eine Weghälfte (über Kleinzell/durchs Mühltal, 10,5/9,5 km) wandert, kann ab Untermühl per Schiff (Mai–Sept. tägl. außer Mo. spätnachmittags) nach Linz zurückfahren.

Durch den Kraftwerk-Rückstau fast ein See: die Donau bei Untermühl.

Vom **Parkplatz** ❶ am linken Ufer der **Großen Mühl** an Druckrohren vorbei und unter der hohen Straßenbrücke der Umfahrung Neufelden durch. Kurz nach einer kleinen Wiese (rechts) und einem vergitterten Zugangstor zur Druckleitung (links), 420 m, biegt der Weg scharf links ab und leitet steil bergan zu einer Forststraße (großer Stein mit Kreuz und Marienbild). In einer S-Kurve auf dem Forstweg Ricketsberg bergauf zum Gestüt Seltenhof, 580 m. Hier auf der Zufahrtsstraße Richtung Edholz, dann rechts auf der Straße nach **Kleinzell** ❷, 548 m. Bei der Kirche beginnt der Granitweg. Am Sportplatz vorbei wandern wir über **Hinterleiten**, 490 m, nach **Ramersberg**. (Ein Abstecher zur Marienkapelle, rechts, ca. 10 Min., beschildert, lohnt sich.) Beim ersten Haus von Ramersberg auf dem Feldweg links, im Wald über den **Diesenbach**, 395 m, und ins Gelände eines Granitsteinbruchs unterhalb von **Plöcking**, einst ein Zentrum der Granitgewinnung.

Schloss Neuhaus thront hoch über der Donau.

Wir verlassen den Steinbruch rechts auf der Zufahrtsstraße und schwenken nach der Schranke nach rechts, wo wir dem ehemaligen Feldbahnverlauf (auch Donauhöhenweg) folgen, die **Erlebniswelt Granit**, 450 m, passieren (1 Std. ab Kleinzell) und auf der Bahntrasse zum **Schloss Neuhaus**, 428 m, gelangen. Hier leicht rechts bergab und auf steilerem Weg zur Donau in Untermühl ❸, 288 m (¼ Std. ab Schloss). Nach Überquerung der Mündung **der** Großen Mühl (Bucht durch Rückstau des Donaukraftwerks Aschach) auf der Straße rechts am rechten Mühlufer zum Kraftwerk **Partenstein**. Vor der Brücke zum Kraftwerk nehmen wir den Weg links, stets am westlichen Flussufer (Naturschutzgebiet), und erreichen mäßig steigend die **Ebenmühle** ❹, 337 m. Wir bleiben im Mühltal und passieren die **Schwarze Kuchl**, eine urige Felsgrotte. Kurz danach weist eine Schautafel auf die ehemalige **Schallenburg** hin, die einst Fluss und Tal überwachte, da die Mühl vor dem Kraftwerksbau schiffbar und das Tal als Saumstraße von Bedeutung war. Weiter flussaufwärts sehen wir bald wieder über uns die große Straßenbrücke und erreichen kurz dahinter unseren Ausgangspunkt ❶.

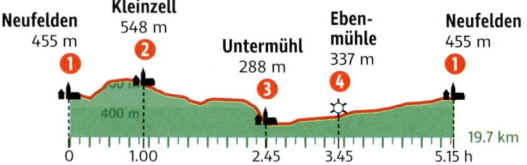

↗ 710 m | ↘ 710 m | 34.6 km

9.30 h

Pesenbach, Wimbergrücken und Große Mühl

12

Einsame Täler und aussichtsreiche Höhen auf dem Mittellandweg

Der das gesamte Mühlviertel durchziehende Mittellandweg weist von der Großen Mühl bis zum Hansberg neben der Hauptroute auch eine »Variante Süd« auf. Die beiden Äste ergeben eine prachtvolle Rundwanderung durch Täler (Pesenbach, Große Mühl) und über den Wimbergrücken (Hansberg, Petersberg), wobei die lange Tour bei einer Teilung in zwei Tagesetappen auch für weniger ausdauernde Wanderer ein besonderes Erlebnis darstellt.

Ausgangspunkt: Pürnstein, 463 m (Navi: A-4120 Neufelden, Pürnstein 5). Von Linz auf B 127, nach 28 km rechts nach Neufelden, am westl. Ortsende rechts zum Mühl-Stausee, diesen 2 km entlang zur früheren Bahn-Hst. Pürnstein; per Bahn ab Linz-Urfahr, Mühlkreisbhf.: bis Hst. Iglmühle (Tour dort beginnen, flussabwärts bis Pürnstein) oder Bhf. Neufelden, von dort am Wanderweg östlich der Mühl zur Ruine Pürnstein (2,6 km); Parken: bei der früheren Bahnstation Pürnstein.

Anforderungen: Sehr lange Rundwanderung, Wiesen-/Wald-/Güterwege, kurz Asphalt; als Tagestour Ausdauer nötig; mit Übernachtung in St. Johann Aufteilung in zwei Tagesetappen; durchgehend, aber teils dürftig bez. (rot, MLW 150 bzw. MLW-Variante Süd 150A).

Einkehr: Burg-Ghf. in Pürnstein (Ü); in Pehersdorf (Ü), Niederwaldkirchen (Abstecher), St. Johann/Wbg. (Abstecher), St. Peter/Wbg. (Ü); Jst. Hansberg (1. Mai–26. Okt., Do. ab 16 Uhr, Sa., So., Feiertage 14–22 Uhr); Ghf. Zeigerwirt in Dorf (Abst.), Ghf. Bachschmied in Iglbach (Ü).

Abstecher: Lohnend, 2 km länger: Vom Hof in Baumgartsau rechts Fußweg (unbez.) zum Gemeindeort Niederwaldkirchen (1,5 km); von dort Straße nach Steinbach zur Steibelmühle (1,3 km).

Variante: Ohne Hansberg: oberhalb der Sagmühle auf Weg Nr. 39 am Pesenbach hinauf bis zur Steinmühle, rechts (östl.) aus dem Tal nach St. Johann/Wbg. (½ Std.) und in 10 Min. zur Hauptroute (insgesamt 1 Std. weniger).

Unterwegs am Mittellandweg 150: die sanften Hügel bei St. Peter am Wimberg.

Bei der früheren Bahnhaltestelle **Pürnstein** ❶ über die **Große Mühl** und gleich dahinter rechts auf steilem Gehweg (Stufen) hinauf zur **Ruine Pürnstein** (Besichtigung lohnenswert). Von der Stiege kommt man links bergan zur Pürnstein-Landstraße. Bei der Kreuzung rechts. Man verlässt die Straße nach 100 m bei einer Nepomukstatue links auf breitem Feldweg und kommt ansteigend zum Güterweg Dopplham. Auf ihm rechts zu den Höfen von **Sauschlag** und zur Straße nach St. Peter; auf ihr links 500 m bis zu einem Bildstock vor der Ortstafel **Steinbruch**, 620 m. Hier (nahe dem Hof **Edelbäck**) rechts ab auf einen Feldweg und durch eine Mulde (südlich) hinauf zu den Höfen von **Otten**. Hier weist Nr. 150A auf dem Güterweg Gaiszeile links und nach dem letzten Hof, 574 m, bei einem Eisenkreuz halb links auf dem Wiesenweg Richtung Wald hinab zum **Bairachbach**, 545 m, und zur Zufahrt Koblesberg. Auf ihr links zum Güterweg Im Ganserwinkel, 590 m, und auf diesem rechts vorbei am **Ghf. Lang** über eine Kuppe nach **Pehersdorf** ❷, 602 m. Dort rechts in die von St. Peter kommende Straße. Nr. 150A verlässt die Straße nach

dem Hof links, hält links auf den Wald zu, dort über zwei Holzstege hinauf zu einem Güterweg, auf ihm links zum Hof **Priglinger**, 635 m. Auf der Zu-

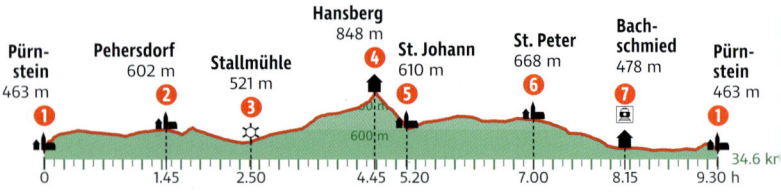

fahrt links weiter, nach einem Bildstock nicht rechts zur Straße, sondern links bergab auf einem Feldweg zu einem Waldfleck, der durchquert wird. In der **Baumgartsau** auf dem Güterweg talwärts, vorbei an einem stattlichen Hof (Abstecher nach Niederwaldkirchen, s. o.), und nach markanter Linkskurve zur Schöffauer Straße. Auf ihr rechts ca. 50 m zu einer Kapelle, hier links (nach O), vorbei am Tiefenbeckergut, auf einem Feldweg (Hopfenweg) mit Querung eines Wehrbachs und des **Pesenbachs**, 510 m, zum Ghf. Aumüller in Steinbach, 640 m.

Die Nr. 150A leitet auf einem Feldweg an dem Bach entlang aufwärts zur **Stallmühle** ❸, 521 m, nach einem Waldstück und Querung des Bachs zur **Schwarzmühle**. Auf der Zufahrt durch das steile Waldtal zur **Sagmühle** und nach einem einmündenden Seitenbach weiter auf einem Wiesenweg, bis der Pesenbach auf einer Brücke, 610 m, erneut überquert werden kann (Beginn der Variante 39 direkt nach St. Johann, ½ Std.). Mit der Nr. 150A rechts auf einem Wiesenweg hinauf zu einem Hof und auf seiner Zufahrt bis zur Einmündung in die Straße nach St. Johann. Auf ihr einige Schritte rechts und bei einer Kapelle wieder links auf einen Feldweg. Bei einem Hof an der Zufahrt nach Kirchschlag biegt man zwischen Haus und Stadel auf einen Feldweg, wandert (östlich) durch eine Mulde, dann bei einer Gabelung rechts bergan zum Wald (P. 731), der auf dem mittleren Weg durchquert wird. Jenseits über eine Wiese schräg links zur Straße nach St. Johann und auf ihr kurz rechts zur Abzweigung der Hansbergstraße. Mit der Nr. 150A nach links auf einem verwachsenen Wiesenpfad zum Waldrand, bei einer Steinmauer steil in den Wald und am oberen Waldrand unter einem Hof links zu einer Granitgattersäule. Rechts biegend auf einem Rain zur Straße und auf ihr rechts zum **Hansberg** ❹, 848 m (Jst.).

Mit Nr. 150 auf der Straße zurück bis zur Linkskurve und dort gerade weiter auf dem Güterweg Hansberg bergab durch die Ortschaft **Schlag**. Wir verlassen den Güterweg, wo er links Richtung Hauptstraße schwenkt (Gedenkkreuz), und wandern auf einem Wiesenweg gerade zur Helfenberger Straße, schon in Sichtweite der Ortstafel von **St. Johann am Wimberg** ❺ – evtl. Abstecher in den Ort, 720 m, links hinab in 10 Min., Ghf., Ü.

Nr. 150 weist bei der Einmündung des Güterwegs Wolfsberg links auf eine Siedlungszufahrt, führt von Ende der Siedlung auf breitem Fahrweg in den Wald und erreicht in großem Rechtsbogen den Güterweg Petersberg; auf diesem links 1 km eben weiter (Aussicht!). Bei einer Hofgruppe in **Petersberg** rechts ab, dann gleich wieder links empor auf eine sanfte Kuppe mit Haus (P. 807). Von ihr mit der Nr. 150 nördlich hinab, kurz danach links (westlich) auf einen undeutlichen Wiesenpfad und auf einem Feldweg gerade weiter bis zum Güterweg Petersberg (auf ihm rechts, bez. 1, Abstecher zum Ghf. Zeigerwirt, 1 km; von dort auf der Straße links in 300 m zurück zur Hauptroute). Nr. 150 quert jedoch den Güterweg und zieht gerade auf der Zufahrt hinab nach **Dorf bei St. Peter**. Beim Haus Nr. 8 endet die Zufahrt; gerade am Waldrand, dann in Kurven im Wald abwärts (Wege nach links nicht beachten), über einen kleinen Waldbach und jenseits durch einen Hohlweg hinauf zur stark befahrenen Haslacher Straße. Auf ihr links bis zum ersten Hof rechts, rechts ab und um den Hof. Nun kurz rechts, dann gleich wieder links (westlich) auf einem ebenen Weg zu einem Hof am Güterweg Teufelsberg. Auf ihm links zum Ortsanfang von **St. Peter am Wimberg** ❻. Auf der Haslacher Straße rechts an einer Kapelle mit Linden vorbei hinauf zum Ortszentrum, 668 m. Hinter der Pfarrkirche mit Nr. 150 rechts auf eine schmale Ortsstraße; die Straße nach Auberg wird gequert, eine Zufahrt führt 1 km leicht fallend vorbei an einem Hopfenstadel und Sportplätzen nach Straß. Beim Haus Nr. 9, 640 m, mit Nr. 150 rechts zum Waldrand, diesen entlang in ein Waldstück und von dessen Ende (Kapelle)

Die Ruine Pürnstein, eine der größten des Landes, hoch über der Großen Mühl.

zur Zufahrt des Hauses Straß 8. Man folgt dem **Bachmüllerbach** abwärts bis zu Häusern am Waldrand, 580 m, biegt dahinter links von der Straße den Bach querend in den Wald, wo die Nr. 150 stets bachabwärts weist (bei allen Verzweigungen rechts halten, Querwege ignorieren). Schließlich über einen Pfad steil zum Haus Harafl 5 am Waldrand hinab, 520 m; hier auf dem Fahrweg links weiter. Beim nächsten Haus **Harafl 6** über den Bach, gleich darauf auch über den von rechts einmündenden **Marbach** und links auf der Hauszufahrt, dann auf einem Wiesensteig nahe dem rechten Bachufer weiter, bis die Nr. 150 beim links einmündenden **Iglbach** erst rechts zum Waldhang, dann bachabwärts zum Haus Iglbach 35 am jenseitigen Ufer weist. Oberhalb auf den Zufahrtsweg Bachmühle und rechts hinab zur Straße nach Arnreit beim **Ghf. Bachschmied** ❼ in Iglbach, 478 m, an der Großen Mühl (Brücke zur Bahnhst. **Iglmühle** am jenseitigen Ufer, alternativer Start für Bahnfahrer).

Nun geht es bis zum Ziel am linken Flussufer talwärts, erst links ein kurzes Stück auf der Straße. Wo diese links ansteigt, weist die Nr. 150 am Fluss entlang auf die Zufahrt zur Verbandskläranlage des Reinhalteverbands Mühltal. Hinter dem Betriebsgebäude über einen Bach; nach einer Flussschleife wird der Weg zum schmalen Steig und überquert den **Leibmerbach** (bei feuchtem Wetter schlammig, bei Hochwasser unpassierbar). Meist direkt am Ufer, zuletzt entlang einer Stromleitung auf schmalem Wiesenpfad erreichen wir am **Doppelhamerbach** Wochenendhäuser mit Asphaltzufahrt und auf ihr in wenigen Minuten die Straße nach Neufelden, die uns am Fluss entlang zurück nach **Pürnstein** ❶ bringt.

↗ 390 m | ↘ 390 m | 19.7 km

13 Museen und die Steinerne Mühl im Weberland

5.20 h

Dorfschule, Denkmalhof, Bergheiligtum und Mühlen

Das originelle Schulmuseum in Kasten, das Freilichtmuseum Unterkagererhof, der »heilige« Hollerberg und die einsamen Täler der Großen und der Steinernen Mühl mit einem Teil des Granit-Pilgerweges sind Highlights dieser Tour durch unberührte Gebiete des oberen Mühlviertels.

Ausgangspunkt: Bhf. Haslach, 490 m (Navi: Bahnhof Haslach, 4170 Berg bei Rohrbach) Parkplatz; per Bahn ab Linz-Urfahr, Mühlkreisbhf.: bis Bhf. Haslach; Alternativer Beginn am östlichen Ende des Marktplatzes in Haslach (Navi Haslach Marktplatz) Parkmöglichkeiten im Markt Haslach; über die Linzer Straße nach Süden zur Steinernen Mühl.
Anforderungen: Schöne Rundwanderung; teilweise schmale Pfade; besch., teilweise in Gegenrichtung.
Einkehr: In Haslach und beim Abstecher zur Teufelsmühle (Ghf., Floßfahrten)

Vom **Bahnhof Haslach** ❶ über die Brücke der Großen Mühl nach links auf Zufahrtsweg Atzmüller (Markierung Granit Pilgerweg) folgen wir dem Fuß aufwärts bis **Haslach**. Hier nach rechts entlang der Steinernen Mühl (Naturerlebnisweg Welset Pühret, dann Markierung »Schulmuseum Kasten«), vorbei an der Notarquelle gelangen bis zur Linzer Straße (Landesstraße). Nach rechts kurz bergan, dann nach links auf Wanderweg Kasten/Schulmuseum. Durch Wald parallel zur Steinernen Mühl vorbei an der Zaglmühle, nach leichtem Anstieg bei der Ortstafel »Holzhäuseln« nach links wieder parallel zum Fluss. Bei zwei Fischteichen steigt der Weg nach rechts an, um dann wieder nach links Richtung Fluss abzubiegen. Bei der nächsten Brücke über den Fluss zuerst nach rechts auf Asphalt, hier verlassen wir die Markierung Granit Pilgerweg nach rechts und bergan erreichen wir **Kasten** ❷ (Schulmuseum: Schulstubn, Glocknhäusl). Nach dem Museum nach rechts (Markierung in Gegenrichtung P1 und G4) uns rechts haltend bergan zur Bushaltestelle Kasten, wo wir die Straße queren und auf dem Güterweg Kastenleiten (Radweg 809) weiterwandern. Bei der nächsten Weggabelung wählen wir den mittleren Weg (Radweg 809 biegt nach rechts ab), durch ein Waldstück gelangen wir

Auf dem Weg zum Schulmuseum in Kasten.

zum **Fleckbach** und in einem S zu einem Güterweg. In spitzem Winkel nach rechts (Markierung Granit Pilgerweg) in eine Senke mit Bildstock. Hier ist der Abstecher zur Kirche am **Hollerberg** ❸ (ca. 500 m) lohnend. Beim Bildstock dann talwärts nach Norden, vorbei an der Kapelle Maria Raststein; über den Fleckbach gelangen wir nach kurzem Anstieg zu einer Weggabelung. Hier nach rechts am Waldrand bergan zum Denkmalhof Unterkagerer und weiter auf dem Güterweg Oberkagerer. Bei der nächsten Kreuzung verlassen wir nach rechts die Markierung Granitpilgerweg, dann nach links nach **Neudorf** ❹. Am Ortsende weist die Markierung »Bahnhof Haslach« nach links, zuerst als Wiesenweg, dann als Waldweg (Markierung Granit Pilgerweg) gelangen wir zur Großen Mühl. Flussabwärts ist ein Abstecher zur **Teufelsmühle** ❺ (ca. 400 m, Ghf., Floßfahrten) möglich. Auf dem Weiterweg flussaufwärts entlang der Großen Mühl erreichen wir wieder den **Bahnhof von Haslach** ❶ (bzw. Haslach bei Start am Marktplatz).

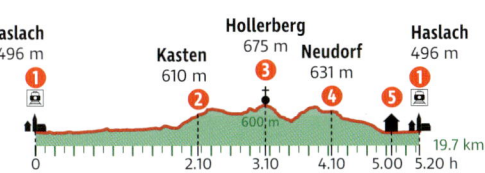

↗ 490 m | ↘ 490 m | 17.6 km

14 Zur Helfenberger Hütte

5.15 h

Bankerlsteig, Adalbert-Stifter-Panoramaweg und Weberlandrundweg

Auf dieser Tour zum Norddach Oberösterreichs wandern wir auch auf Teilen des Salzsteigwegs 09, des Nordwaldkammwegs und auf dem Kreuzweg zu einer Wallfahrtskapelle mitten im Wald und werden durch prachtvolle Aussicht für die Mühen des langen Anstiegs belohnt.

Ausgangspunkt: Helfenberg, 567 m (Navi: A 4184 Helfenberg, Rohrbacher Straße 2). Von Linz-Urfahr auf der B 126 bis Zwettl/Rodl, hier links über Waxenberg, 14 km; Bus ab Linz. Start, Parken: im Ortszentrum.
Anforderungen: Anstrengende Rundwanderung (lange, steile Anstiege); schöne Wege und schmale Pfade, kurze Strecken auf Güterwegen; durchgehend bez./besch.
Einkehr: Mehrere Gasthöfe in Helfenberg und St. Stefan; Helfenberger Hütte (an Wochenenden fallweise beaufsichtigt, von Mai bis Oktober Getränke im Brunnen vor der Hütte, sonst unbew. bzw. gesperrt; in Helfenberg erkundigen); Hotel in Afiesl (Abstecher); Ghf. Rastbank, Ghf. in Piberschlag (Abstecher, ¼ Std.).

Hinter der Kirche in **Helfenberg** ❶ auf der Straße nach St. Stefan mit den Markierungen Nr. 140/109A – einige Straßenkehren abkürzend – steil hinauf zum Güterweg Spanfeld und auf ihm zum **Schloss Helfenberg**, 645 m. Alternativ können wir die Tour auch an der Rohrbacher Straße (Hausnr. 23, 500 m westlich vom Ortszentrum) auf dem 3 – Themenweg M 85 beginnen, der steil aus dem Tal hinauf nach **Neuling** und dann rechts zum Schloss führt (500 m länger). Hier wenden wir uns dem Wald zu (Weg M 85, auch Nr. 12/16) und wandern, stets gerade, zuletzt mit einer Linkskurve, hinab zum **Holzmühlbach**, 610 m. Nach dessen Querung rechts auf dem Hauptweg nach **Untereben**, 650 m. Links auf der Straße bis zur Tafel »Güterweg Neuschlag«, dann links auf einen Waldweg (Nr. 140) und in der Mitte einer langen Steinmauer über den Steig links hinauf zur **Grubauernkapelle**, 735 m. Dort geht es nach rechts im Wald bergan, am Waldrand eröffnet sich der Blick auf St. Stefan am Walde, welches wir vorbei am Hof Ferchter und über Obereben erreichen.

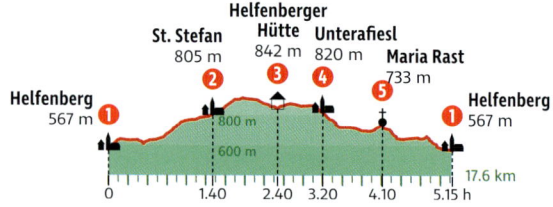

72

Das Renaissance-Schloss Revertera oberhalb von Helfenberg.

Rechts der Kirche von **St. Stefan am Walde** ❷, 805 m (Ghf. 300 m auf der Straße gerade weiter) folgen wir beim originellen Dorfbrunnen rechts am Gemeindeamt vorbei der schmalen Dorfstraße steil bergan (Adalbert-Stifter-Panoramaweg), dann dem Güterweg Grammer. Am Asphaltende auf dem Adalbert-Stifter-Panoramaweg gerade weiter, dann links bergan Richtung Wald bis zu einem Häuschen auf halber Höhe. Hier rechts in Richtung eines modernen Einfamilienhauses, bei diesem links bergan und schließlich in einem Bogen auf der Zufahrtsstraße um das Hotel Aviva. Hinter dem Parkplatz zur Informationstafel an der Wasserscheide Donau-Moldau, 912 m. Nun nach rechts der Markierung Richtung Berger-Gut folgen. Über eine große freie Fläche mit herrlicher Fernsicht stoßen wir auf den Nordwaldkammweg (blau-weiß, Nr. 105). (Nach links Abstecher (5 Min.) zur **Helfenberger Hütte** ❸, 842 m, nahe der Staatsgrenze.) Nach rechts (östlich) erst durch Wald, dann am Waldrand und später wieder im Wald weiter. Nach einem längeren Stück mit herrlicher Fernsicht nach Süden bei einem kleinen Steinkreis am Waldrand rechts (»Steinkreis der Schamaninnen«) biegen wir rechts ab, steigen im Wald hinunter zur Straße und nach rechts zum **Reiterstüberl Lenz** in **Unterafiesl** ❹, 820 m, queren sie und wählen den steil abwärts führenden Wiesenweg (Weberlandrundweg, Kraft-Quelle-Baum-Weg rückläufig). Wenig später rechts zu einem Feldweg und auf ihm erst links, dann rechts hinab zu den Häusern im Bachtal. Links auf der Zufahrt vorbei an der **Salmesmühle**. Der Wanderweg verlässt den Güterweg nach rechts, trifft ihn aber wieder in einer Senke, wo Nr. 11 rechts ab-

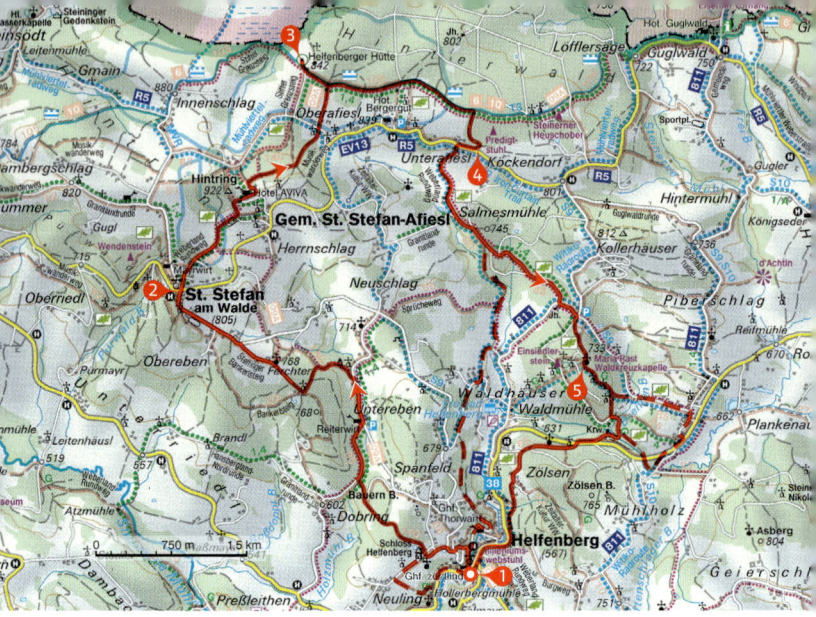

zweigt (auf ihm direkt in 4 km nach Helfenberg; ½ Std. kürzer). Weiter auf dem Güterweg (3 – Themenweg M 85) hinab zum ehemaligen Forsthaus, dann links auf der Straße zum Gemeindezentrum Schönegg in **Köckendorf**, 685 m. Nach einer großen Garage rechts (Wegweiser »Waldkapelle«) auf die Forststraße, jedoch gleich nach dem Betreten des Waldes links ab und auf schmalem Steig hinauf zur **Mariä Rast** ❺, 733 m (Waldkreuzkapelle bei Helfenberg, 3 – Themenweg M 85).

Gerade weiter zu einem Kreuzweg und auf ihm bald sehr steil bergab. Wir bleiben bei der vierten Station rechts auf dem Kreuzweg (links Abstecher auf dem Weberlandrundweg zum Ghf. Freller in Piberschlag, ¼ Std). Am Kreuzweg bleibend von der ersten Station steil gerade hinab zu einer Forststraße; hier links und mit Rechtsbogen über die **Steinerne Mühl**, 640 m. Jenseits vorbei an einem Säge- und E-Werk zur B 38, die wir 100 m rechts verfolgen, um dann links auf eine weitere Forststraße abzubiegen. Wo diese mit Linksbogen stärker zu steigen beginnt, wählen wir rechts einen schönen Waldweg (3 – Themenweg M 85) zu einem Güterweg hinab. Dieser bringt uns links mit letztem Anstieg hinauf zur Häusergruppe **Zölsen**, 670 m. Vor dem ersten Haus rechter Hand rechts bergab zum Waldrand, an diesem entlang zu einer Wegteilung; hier gerade über ein Bächlein (Achtung bei Nässe!) und steil hinunter zur B 38. Schon im Ortsgebiet von **Helfenberg** ❶ kehren wir auf ihr links ins Ortszentrum zurück.

↗ 140 m | ↘ 330 m | 10.0 km

3.00 h

Durch die Pesenbachschlucht zur Donau

TOP 15

Eine Felsnadel, fast eine Gebirgsklamm und der Prälatensteig

Eine der beliebtesten Wanderungen im Nahbereich von Linz führt durch das schluchtartige Pesenbachtal und, teils auf abenteuerlichen (ungefährlichen) Felssteigen entlang des rauschenden Bachs, vorbei am Naturdenkmal Kerzenstein – eine Familientour, die durch ihre Felsgebilde und Badegumpen, die Bahnfahrt und eine Rückreise mit dem Schiff auch Kinder begeistert.

Ausgangspunkt: Bahnstation Gerling der Mühlkreisbahn, 465 m (Navi: A-4175 Herzogsdorf, Gerling 95). Ab Linz-Urfahr 21 km auf der B 127. Bahn ab Urfahr-Mühlkreisbhf. Parkplatz in Urfahr, Nibelungenbrücke oder Bhf., in Gerling bei der Bahnhaltestelle.

Endpunkt: Aschach an der Donau, 268 m, Schiffssation oder Bhf.; Rückfahrt nur per Taxi; Bahnreisende: nach Urfahr bzw. Linz per Bus, Bahn (über Wels) bzw. am schönsten (Mai–Sept.) per Schiff.

Anforderungen: Kurze Streckenwanderung, 10 km; teils schmale, felsige Steige mit Stufen (festes Schuhwerk, Vorsicht bei Nässe!), meist im schattigen Tal; am Prälatensteig steiler Anstieg; durchgehend bez.; am Ende 2,3 km Asphalt.

Einkehr: Jst. Fürstberger (Fr. 17–21 Uhr, So. 13.30–21 Uhr, kurzer Abstecher); Schlagerwirt (Do.–So. und Feiertage 10–20 Uhr; siehe Variante); Café in Bad Mühllacken (Abstecher); in Oberlandshaag: Faust-Schlössl, Fischerhof; in Aschach.

Varianten: Zur Jst. Fürstberger s. Text. Über Schlagerwirt: beim Blauen Tümpel links (Stufen, Nr. 3) steil aus dem Tal 80 Hm bergan, rechts zum Ghf. (1,1 km); hier auf unbez. Weg (oder Nr. 2) sich links haltend ins Tal zur Jägerbrücke (0,9 km). Wer die Talschlucht auswandern will, geht ab der Schlagerbrücke gerade weiter bis Mühllacken (1,3 km); dort über den Bach und am rechten Ufer 1,2 km bachaufwärts zurück zur Hauptroute.

Malerisch an der Donau gelegen: der Blick auf Aschach vom gegenüberliegenden Ufer.

Mühlviertler Dreiseithöfe prägen das Landschaftsbild am Rand des Pesenbachtals.

Von der **Bahnstation Gerling** ❶ jenseits der B 127 auf den Güterweg Anzingmühle (Nr. 66, rwr), der nach 800 m endet. Auf dem Fahrweg durchs enger werdende Tal; bei der Abzweigung nach Lacken (links) und der Einmündung des Donausteiges von rechts im Tal weiter. Nach einem Haus mit Kapelle zieht der Weg Nr. 66 steil hinauf zum **Fürstberger** (Jst., ca. 500 m längere Variante). Auf schmalem Pfad am Bachufer weiter, dann links empor zum Forstweg. Auf ihm kurz rechts, dann links (grüner Pfeil) steil bergan zum **Kerzenstein** ❷, 455 m (Granitsäule aus zwei Blöcken, bachseitig über 30 m hoch; Einmündung der Jst.-Variante). Auf steilem Serpentinenpfad (Stufen) hinab zur Bachbrücke, 415 m (der Forstweg führt gerade ohne Anstieg zum Fels ebenfalls hierher). Während der Donaublickweg rechts abzweigt (nach Landshaag 1,5 km kürzer), gehen wir auf felsigem Steig im eindrucksvollsten Talstück weiter. Teils unter überhängenden Felsdächern, über Felsblöcke (gesichert) und Holzbrücken passieren wir die **Teufelsbottiche** und die verblockte Bachstrecke der **Blauen Gasse**, wo eine steil ansteigende Holzstiege über eine Hangrutschung leitet. Wieder am Bach beim **Blauen Tümpel** Wegteilung: Links zweigt die Variante Schlagerwirt ab (s. o.), der Hauptweg führt am Bach weiter, passiert in stetem Auf und Ab ein Blockfeld, und erreicht, an **Schwarzer Klamm** und **Grünem Tümpel** vorbei, die Jägerbrücke (Einmündung Variante

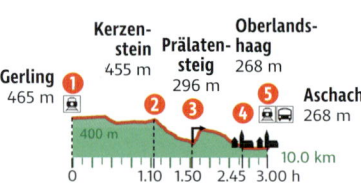

Ein imposanter Felsen: der Kerzenstein.

Schlagerwirt; rechts Wegabzweig nach Landshaag, 1 km kürzer). Am linken Ufer talaus zur **Schlagerbrücke**, 296 m. Nicht gerade weiter nach Bad Mühllacken, sondern dem Donausteig folgend über den Bach und zum Abzweig des **Prälatensteigs** ❸ – rechts rückläufig, Nr. 190, rwr.

Nur kurz auf dem breiten Weg, dann links (Stufen, Serpentinen) steil aus dem Tal hinaus und wieder links zum Forstweg auf der Hochfläche. Wir queren einen Fahrweg, 425 m, biegen kurz darauf rechts talab in den Jungwald und kommen mit Linksbogen zur Straße nach St. Martin; auf ihr links (Tiefblick!) und beim Wegweiser »**Faust-Schlössl**« rechts auf den steilen Asphaltweg zum Hotel-Gasthof. Auf der Zufahrt hinab zur Donau in **Oberlandshaag** ❹, 268 m.

Wir biegen links ab (stromabwärts), passieren den **Ghf. Fischerhof** und queren auf der Brücke die Donau. Wir erreichen rechts 500 m stromaufwärts die Bus- und die Schiffsstation **Aschach** ❺ oder weiter geradeaus den Bahnhof.

↗ 430 m | ↘ 430 m | 10.2 km

16 Vom Sitz der Fürsten Starhemberg zum Wimbergrücken

2.45 h

Gemütliche Panorama-Kurztour im mittleren Mühlviertel

Waxenberg mit markanter Burgruine ist Ausgangspunkt herrlicher Wanderrouten. Unsere Tour leitet durchs stille Tal der Kleinen Rodl zum Bergdorf St. Veit, zum markanten Hansberg im Wimbergrücken und auf dem Rückweg mit herrlicher Fernsicht über ein Teilstück des Mühlviertler Mittellandwegs.

Ausgangspunkt: Waxenberg, 748 m (Navi: A-4182 Waxenberg 15). Auf der B 126 von Linz-Urfahr bis Zwettl/Rodl, dann links (NW) 7 km; Bus ab Linz.
Anforderungen: Rundwanderung mit einigen Steigungen; gute Wege, schmale Pfade; bez. (von St. Veit zum Hansberg dürftig).
Einkehr: Waxenberg, St. Veit; Jst. Hansberg (1. Mai–26. Okt., Do. ab 16 Uhr, Sa., So., Feiertage 14–22 Uhr).
Tipp: Abstecher zur Ruine Waxenberg, 803 m (7 Min.; Aussichtsturm, Schlüssel im Haus am Anstiegsweg).

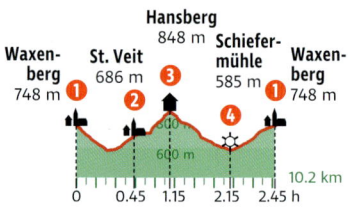

In **Waxenberg** ❶ bei der ersten Kehre der Straße nach St. Veit (etwas oberhalb Anstieg zur Ruine) rechts mit der Nr. 62 zwischen Friedhof und Kinderspielplatz steil bergab. Beim Haus Froschau 13 wieder auf die Straße, auf ihr 150 m abwärts und beim nächsten Haus links auf eine Zufahrt; gleich darauf rechts auf einen Wiesenweg entlang einer Steinmauer. Beim Haus Nr. 31 verlassen wir den breiten Weg rechts. Auf einem Pfad entlang der (unteren) Steinmauer zu einer Wiese, links über sie hinab zu Wochenendhäusern und hier rechts zum Hof Wögersdorf 4, wo Weg Nr. 60 einmündet. Mit ihm gerade weiter auf dem Güterweg und über die **Kleine Rodl**, 576 m. Bei einer Kreuzung gerade hinauf durch den Wald zu Wohnhäusern, dann links am Waldrand empor und auf einem Feldweg nach **St. Veit** ❷, 686 m.

Die markante Burgruine Waxenberg mit dem begehbaren Aussichtsturm und dem Wehrturm aus dem 12. Jahrhundert.

Hier links zur Kirche, rechts in die Hagerstraße und beim Haus Nr. 14 (Arzt) links durch eine schmale Gasse zur Schule. Dem Pfeil »Hoamatlandweg« (Nr. 1) folgend rechts in die Ringstraße und bei einer Gabelung links zum letzten Haus am Waldrand. Im Wald stark steigend vorbei an einem Wasserbehälter, dann auf schmalem Steig bergauf, später (etwas rechts) auf dem breiteren Weg bergan, bis dieser nach flachem Verlauf rechts umbiegt; dort auf dem schmäleren Pfad links empor. Bald stößt man auf den Mittellandweg Nr. 150, der rechts auf einem Fahrweg heraufkommt. Auf ihm in 5 Min. auf den **Hansberg** ❸, 848 m (Jst., Aussicht!). Wie im Anstieg zurück und auf dem Fahrweg mit Nr. 150 weiter absteigend, erreicht man einen Asphaltweg, folgt ihm rechts bergab zum Hof Windhag 1 und überquert die Grubdorfer Straße, wandert über einen Feldrain und am Waldrand hinab zum nächsten Hof (drei Häuser) und trifft dort auf einen ebenfalls von St. Veit kommenden Güterweg mit Kreuzwegstationen (690 m). Sobald dieser erreicht wird, links, jedoch nicht auf dem Güterweg, sondern auf dem weiter rechts (unterhalb) befindlichen Feldweg in nördlicher Richtung, vorbei an einer Kapelle, links von einem Bächlein an diesem entlang. Der Weg vollzieht eine Linkskurve (hinauf zum nächsten Bauernhof), dort rechts über das Bächlein und hinab ins Tal der Kleinen Rodl, wo der Güterweg Höf verläuft. Auf diesem kurz (ca. 250 m) nach links (Brücke über einen Seitenbach, 585 m) bis zur **Schiefermühle** ❹. Hier weiter auf MLW 150 und W4. Man überquert nach rechts die Rodl und strebt bergan (erst SO, dann mit Linksbiegung O) den nächsten Häusern zu. Wo W4 rechtwinkelig rechts auf den Güterweg Weger abbiegt, geht man noch ein paar Schritte auf dem Güterweg links weiter und wendet sich dann zu einem Waldstück. Auf dem ersten rechts in den Wald führenden Privatweg (!) durchquert man diesen. Am jenseitigen Waldrand hält man sich im Wald kurz rechts, schwenkt dann links und geht in Waldrandnähe aufwärts zu einer Wiese, die links mit einer von Büschen bewachsenen Steinmauer begrenzt ist. Dieser folgt man und trifft ca. 60 Meter weiter auf der linken Seite der folgenden Steinmauer auf einen öffentlichen Weg, der ostwärts weiterführt und den Ort **Waxenberg** ❶ an der Straße nach Helfenberg erreicht, auf der man rechts zurück zum Ausgangspunkt kommt.

↗ 300 m | ↘ 300 m | 17.5 km

17 Burgenwanderung über den Schallenberg

4.30 h

Hochwaldwanderung auf einem Teilstück des »3-Burgenwegs«

Drei Burgruinen verbindet der Oberneukirchner Burgenweg, zwei davon berührt diese schöne Tour, die durch Wälder auf Forststraßen und Waldwegen bis auf 900 Meter Höhe über den Waldkamm des Schallenbergs führt.

Ausgangspunkt: Waxenberg, 748 m (vgl. Tour 16, Navi: A-4182 Waxenberg 15), Ghf. Hoftaverne; Parken im Ort.
Anforderungen: Rundwanderung; gute, schattige Wege, mäßig steil, kaum Asphalt, bez. (roter Punkt, »3-Burgenweg«, teils dürftig, auch Schallenberg-Runde W1, ab Ahorn rwr).
Einkehr: Waxenberg, Ahorn, Großtraberg (Abstecher, 1 km).
Tipp: Besuch der Ruine Waxenberg (vgl. Tour 16).

In **Waxenberg** ❶ auf der Helfenberger Straße (Markierung rechts ignorieren!) bis vor das Haus Nr. 25, dort links, dann sich rechts haltend durch eine Mulde eine Straßenkurve abkürzen. Wieder hinauf zur Straße und auf ihr links 300 m durch den Wald. Nach einer Lichtung rechts hinauf zur Forststraße (Schranke) und auf dem Hauptweg zu einem kleinen Bach; bei der Gabelung links zum Waldrand (Haus Schallenberg 7), auf der Zufahrt zum nächsten Haus und dort rechts bergan zu einem Fahrweg. Auf ihm links empor zu einem weiteren Fahrweg; auf diesem links nach **Lichtmeßberg**, 850 m. Bei mehreren Abzweigungen geradeaus, über eine Rodungsfläche (links Hof) in den Wald, dort nach 400 m rechts auf einer abgeschrankten Forststraße bis zu einer Rechtskehre; hier geradeaus weiter auf den **Edelberg**, 870 m. Hier auf dem schmäleren Waldweg (Schranke) rechts bergab, dann eben weiter zum Waldrand (Haus Ahorn 47) und rechts hinauf zum Waldrand (hier Einmündung des Weges Nr. 140/109A). Links hinab nach **Ahorn** ❷,

828 m, und über die Ortsstraße. Auf Weg Nr. 140 geradeaus weiter, dann auf einer Zufahrt nach links und beim letzten Haus über die Wiese zum Wald, 860 m. Durch diesen steil bergab zu einer Straßenkreuzung (Güterweg Atzmüller). Wir folgen links 100 m der Helfenberger Straße bis zum Wegweiser rechts zur **Burg Piberstein** ❸, 773 m, die in wenigen Schritten erreicht ist. Zurück bis Ahorn auf demselben Weg (Ahorn–Piberstein und zurück insgesamt

Bestens renoviert: Burg Piberstein.

3 km, Variante mit südlich ausholendem Bogen auf dem Güterweg Atzmüller, Schilder des Zeitalter-Kultur-Wanderwegs, ca. 500 m länger). Am Waldrand oberhalb von Ahorn mit der Nr. 140 gerade ansteigend in den Schallenberger Forst. Bei der Lichtung **Faberreut** vor dem Asphaltbeginn halb rechts auf dem ansteigenden Forstweg weiter, über die nächste kreuzende Straße und durch Hochwald geradeaus bergan zum höchsten Punkt, 905 m, am **Schallenberg** (links bez. Abstecher nach Großtraberg, 1 km). Nun bergab zum Waldrand in **Kleintraberg** und dort auf dem Güterweg Gatterbauer rechts hinab zur Traberger Straße, die beim Feuerwehrhaus **Oberwaldschlag** ❹, 820 m, gequert wird. Der rote Punkt führt rechts auf der Straße 1 km bis zu einer Rechtskurve und dann geradeaus über eine Forststraße; die 1 km längere Waldroute ist lohnender: 400 m auf Weg Nr. 140 durch **Oberwaldschlag**, bis Nr. 34 links abzweigt; hier rechts auf Weg Nr. 140 zum Waxenberger **Hofwald** und in ihm zu einer Wegkreuzung, P. 800. Mit Nr. 147 rechts weiter bis zur Forststraße (roter Punkt) bei P. 833. Nun links, dann bald vom Forstweg rechts ab (Nr. 147) und hinab zu einem Hof am Waldrand; dort rechts und auf einem Schotterweg zurück zum Ausgangspunkt in **Waxenberg** ❶.

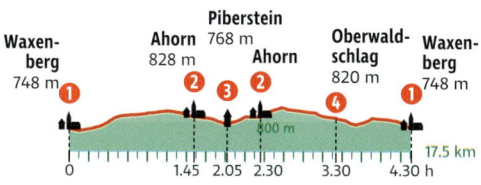

TOP 18

↗ 560 m | ↘ 560 m | 24.0 km
6.30 h

Die große Rodltalrunde

Auf und Ab im Mühlviertler Sterngartl

In der an Wanderwegen reichen Region Sterngartl leitet eine lange Runde beiderseits der Großen Rodl durch typische Waldhufendörfer mit schönen Dreiseithöfen, bezieht Teilstücke mehrerer Mühlviertler Weitwanderwege mit ein und bietet durch das Auf und Ab im Wechsel von Tälern und Höhen eine sportliche, abwechslungsreiche Tour.

Ausgangspunkt: Oberneukirchen, 774 m (Navi: A-4181 Oberneukirchen, Marktplatz 1). Auf der B 126 von Linz-Urfahr bis Zwettl/Rodl, dann links 3 km (W); Parken am Marktplatz. Bus ab Linz.
Anforderungen: Lange Rundtour, 24 km; trotz geringer Höhenunterschiede beachtlicher Gesamtanstieg (Ausdauer!); gute Wege, teils schmale Pfade, kurz asphaltiert; durchgehend gut bez.
Einkehr: Schauerschlag (Golfplatzstüberl), Ghf. »Gefrorene Pipe« im Rodltal (Abstecher), Jst. »Auf d'Sunnseitn« (Sonnberg, Abstecher), Ghf. Edlmühle, mehrere Ghf. in Oberneukirchen.
Varianten: 1. Ab Pöllersmühle auf Weg 70 rechts bergab bis zur Rodl, dort links auf Rodltalweg 71 zum Ghf. Edlmühle im Rodltal. 2. Von der Rodl auf Weg 70 weiter hinauf zum Ghf.-Pension Sonnenhof, dann auf Weg 74 Richtung Lobenstein (links) nach Innerschlag zum Weg Nr. 140 (beide Routen ca. gleich lang).
Hinweis: Bei Schlechtwetter kann die lange Runde verkürzt werden, indem man einen der kreuzenden Wege (z. B. in Schönau Nr. 34, in Dreiegg Nr. 31, in Rudersbach Nr. 150) nach Zwettl einschlägt; von dort Busverbindung oder zu Fuß auf Weg Nr. 39 in ¾ Std. zurück zum Start.
Tipp: Günstiger Start für aus Linz per Bus Anreisende auch an der Haltestelle Pöllersmühle (B 126 nach Glasau, vor Zwettl; kürzere Anreise, mehr Busverbindungen).

Am stimmungsvollen Marktplatz von Oberneukirchen.

Vom Marktplatz in **Oberneukirchen** ❶ ziehen die Wege Nr. 142 (WWW 09 Salzsteigweg) und Nr. 30 über den Riemberg auf steiler Wiese hinab zum **Schauerbach**, 695 m, wo sie links auf den Güterweg Waldschlag einschwenken. Nach kurzem Anstieg leitet Nr. 142 bei der »Schern« gerade weiter, während wir Nr. 30 auf dem rechts abzweigenden Güterweg Schauerschlag folgen. Nach einer Mulde leicht links auf den Waldweg und eine offene Fläche queren, dann in den ausgedehnten **Waldschläger Wald**. In

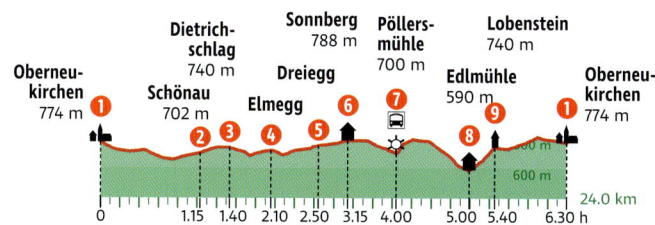

nordöstlicher Richtung erreichen wir auf einem Güterweg den Bauernhof Krinner und den Golfplatz in **Schauerschlag**. Am Rand des Golfplatzes Sterngartl rechts hinab zum **Distlbach**, 645 m, und jenseits rechts durch Wald hinauf nach **Schönau** ❷. Hier treffen wir auf den Donau-Moldau-Weg und folgen links der Ortsstraße zu einer Wegkreuzung, 695 m, beim einstigen Dorfwirtshaus (geschlossen). Rechts auf Weg Nr. 32 durch eine Wiesenmulde dem Wald zu und leicht bergan über Wiesen nach **Langzwettl**. Auf der Ortsstraße links bis zum letzten Hof, wo nahtlos der Ort **Dietrichschlag** ❸, 740 m, anschließt. Nr. 32 biegt rechts ab (unmarkiert) und leitet aussichtsreich hinab zur **Großen Rodl**, 650 m, die bei Wochenendhäusern überquert wird (rechts flussabwärts Abstecher durchs Schutzgebiet Rodlwiesen zum Ghf. »Gefrorene Pipe«; Bushaltestelle). Auf der Zufahrt hinauf zur B 126. Diese querend erreichen wir auf dem ansteigenden Waldweg **Elmegg** ❹, 720 m (Ende von Nr. 32). Rechts auf Weg Nr. 160 (Urfahr–Bad Leonfelden) hinab zur **Handlmühle** und bergan nach **Glashütten**. Beim ersten Hof links auf einen Güterweg und gleich wieder rechts bergab auf eine Zufahrt, die ab dem letzten Haus von Glashütten als Feldweg gerade weiter nach **Dreiegg** ❺ zieht. Nr. 160 erreicht erneut einen Güterweg. Auf ihm rechts hinauf zum Feuerwehrhaus, die Straße Richtung Zwettl geradeaus querend und durch eine bewaldete Mulde zum Gemeindeamt von **Sonnberg im Mühlkreis** ❻, 780 m.

Geradeaus über die von Zwettl kommende Straße (links Abstecher, 400 m, zur Jst. »Auf d'Sunnseitn«) und südlich hinab zum Wald. Auf einem Feldweg oberhalb von **Rudersbach** weiter, bis Nr. 160 kurz nach rechts biegt und nahe von Wochenendhäusern auf den Mittellandweg 150 trifft, wo auch der Weg Nr. 72 beginnt. Auf Letzterem gerade weiter durch einen von Büschen gesäumten Wiesengraben zur Rudersbacher Dorfstraße, 768 m; hier einige Meter links und gleich wieder rechts, die Straße verlassend. Längs dem Gebüsch bergab (westlich) zum Wald und auf schönem Waldweg hinunter zur B 126 (Bus). Diese schräg nach links queren, beim nächsten Weg rechts hinab zum **Pöllersbach**, 700 m, und jenseits vorbei an der **Pöllersmühle** ❼ hinauf zur alten Salzstraße (Nr. 70, Donau-Moldau-Weg, rechts Kapelle und Bründl). Auf ihr wenige Meter links und gleich rechts ab auf Nr. 72. Steil hinauf durch Wald zu den ersten Häusern von **Davidschlag** und auf deren Zufahrt zum Güterweg. Über ihn links bis zum ersten Hof, 817 m, dann rechts (westlich) zum Waldrand. Diesem entlang zur Mulde eines Bächleins und rechts bachabwärts nach **Schiefegg**, wo wir erneut auf einen Güterweg treffen. Auf ihm links bergab und mit Rechtsbogen zur Straße Richtung Untergeng; nach deren Querung auf der Zufahrt zur **Edlmühle** ❽, 590 m (Ghf.), an der **Großen Rodl** (Ende von Weg Nr. 72). Etwas flussabwärts treffen wir auf Weg Nr. 140 (WWW 09 Salzsteigweg), der rechts bergan zieht und unterhalb eines einsamen Hauses nach einem Linksbogen scharf rechts auf einen steilen Waldsteig biegt. Den Wald rechts verlassend erreichen wir **Burg Lobenstein** ❾, 740 m (rechts oberhalb), den

Die Ruine Lobenstein hoch über dem Rodltal, heute ein privater Wohnsitz.

Maierhof und, auf seiner Zufahrt, einen Güterweg. Hier scharf rechts auf einen Feldweg; vom Hof in einer Mulde auf der Zufahrt hinauf zum Güterweg Innernschlag und auf diesem links zum ersten Wohnhaus. Längs des Gartenzauns links empor zum oberen Güterwegast und auf diesem erneut links zum nächsten Hof. Hier mit Nr. 140 rechts hinauf zum Wald. Nach dessen Durchquerung erreichen wir einen Hof auf dem **Galgenbühel**, 805 m, kommen (nordwärts) zu den ersten Wohnhäusern von **Oberneukirchen** ❶, biegen links hinab zur Badstraße, folgen ihr rechts zum Gemeindeamt und erreichen über den Güterweg Ringweg, von ihm beim Haus Nr. 27 links bergan abbiegend, den Marktplatz.

↗ 210 m | ↘ 210 m | 9.6 km
2.40 h

19 Ölberg und Distltal

🚌 ✕ 👫

Familienwanderung mit Abschluss auf dem Bienenerlebnisweg

Vor allem Familien sei dieser fast durchgehend bezeichnete, schöne Spaziergang im Rodlland empfohlen. Trotz Großstadtnähe gibt es idyllische Plätze zu entdecken, und man erfährt Interessantes über Bienen und Imkerei.

Ausgangspunkt: Zwettl/Rodl, 616 m (Navi: A 4180 Zwettl, Marktplatz 1). Von Linz-Urfahr auf der B 126; Parkplatz beim Bienenmuseum. Bus ab Linz.
Anforderungen: Kurze Rundwanderung, 9,8 km; gute Wege, wenig Asphalt; fast durchgehend bez., Orientierung leicht; Bienenweg beschildert.
Einkehr: In Zwettl.
Tipp: Besuch des Bienenmuseums.

In **Zwettl an der Rodl** ❶ mit Nr. 39/37 auf der Schauerschlagstraße 70 m ortsauswärts, dann links in den Niedergarten und kurz darauf rechts auf dem Güterweg **Schauerleithen** taleinwärts. Beim Haus Schauerleithen 11 zweigt Nr. 39 links ab, überquert den **Schauerbach**, leitet als Wiesensteig zu zwei Kapellen am Waldrand und danach rechts in den Wald. An allen Kreuzungen gerade bergan und vorbei an fünf weiteren Kapellen (Passion Christi) zum **Ölbergkirchlein** ❷, 725 m, in Straß (Barockaltar, Schlüssel im nahen Hof) neben einer mächtigen Linde. Am Hof vorbei, nach einem Freilaufgehege rechts zum Waldrand, hier in den Wald (unbez.) und durch diesen hinab zum unteren Waldrand. Hier stoßen wir auf die von rechts heraufziehende Nr. 37, der wir links folgen. Sie bringt uns über dem Tal des Schauerbachs bachaufwärts zuerst über Wiesen, dann durch Wald zur **Neumühle** ❸, 680 m. Mit Nr. 37 rechts über den Bach auf dem asphaltierten Güterweg in einer Linkskurve leicht bergan, nach dem ersten Hof linker Hand nach rechts auf einem Feldweg im Linksbogen erreichen wir eine Wegkreuzung beim nächsten Güterweg. Hier nun nach rechts (Golfplatzrunde 03) in eine

Die Ölbergkapelle bei Zwettl an der Rodl birgt einen schönen Barockaltar.

Senke und nach der Bachquerung nach links bergan (Bad Leonfelden 30 rwr/ Golfplatzrunde 03) durch den Wald zu einem Weiler. Beim letzten Hof erst leicht bergab und dann nach rechts erst im Wald erreichen wir das Zentrum des **Golfclubs Sterngartl** ❹, den ehemaligen Hof Krinner. An diesem rechts vorbei wandern wir durch eine Senke und im Wald auf einem Fahrweg uns rechts haltend bis zu einem ansteigendem Linksbogen dem nächsten Bauernhof zu, wo bei einer Birke (Asphaltbeginn) links ein Wiesenweg abzweigt. Am Rand einer Mulde hinab zum **Distlbach** (nicht überqueren!). Gerade hinauf zu einem Forstweg; auf diesem aber nicht bergan, sondern halb links talwärts zum Biotop am **Bienenerlebnisweg** (ab hier Tafeln). 200 m weiter gibt es bei einer Wegteilung zwei Möglichkeiten: Auf der etwas kürzeren Variante geradeaus erreicht man auf einem romantischen Pfad, immer talauswärts entlang des Distlbachs (mehrere Schautafeln, Steinbiene), den Stitzmühlweg, der vorbei an einer Bienenschauhütte und der Ambrosiuskapelle nach Zwettl zum Bienenmuseum am Obermühlweg führt. Wer den oberen Weg wählt, quert nach links die Distl und biegt talwärts auf einen schönen Waldweg, der in leichter Steigung (Schautafeln und eine Futterstelle passierend) links umbiegt, den Wald verlässt und auf die Höfe von Langzwettl zuhält. Bei einem Hochstand trifft man auf Weg Nr. 34; auf ihm rechts bis zum **Moser-Bildstock**, 670 m. Hier wendet sich der Bienenweg, die Nr. 34 links verlassend, zum rechts abwärts führenden alten Salzsteig und mündet in die Langzwettler Straße. Auf ihr rechts in 250 m zum Marktplatz in **Zwettl** ❶ und bei der Pfarrkirche rechts auf der Oberneukirchnerstraße zum Ausgangspunkt am **Bienenmuseum**.

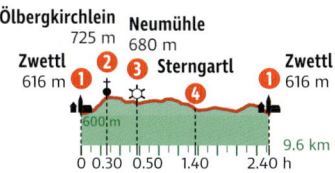

↗ 420 m | ↘ 420 m | 10.3 km

20 Vom Breitenstein ins Rodltal

3.30 h

Runde in der Lieblingssommerfrische Adalbert Stifters

Wir wandern bei dieser Tour vom Lieblingsaufenthalt Adalbert Stifters, einst ein angesehener Badeort, heute ein beliebtes, hoch über Linz gelegenes Ausflugsziel mit herrlichem Alpenpanorama, durch den prächtigen Schauerwald mit eindrucksvollem Steilabstieg ins tief einge-schnittene Tal der Großen Rodl und weniger steil, aber sehr reizvoll zurück ins hoch gelegene Bergdorf.

Ausgangspunkt: Kirchschlag bei Linz, 896 m (Navi: A 4202 Kirchschlag 27). B 126 von Linz-Urfahr bis Glasau, dann 2 km links (W); Parken im Ortszentrum (Pfarrkirche). Bus ab Linz.
Anforderungen: Kurze Rundwanderung mit Steilabstieg ins Rodltal und relativ steilem Gegenanstieg, schöne Wege, teilweise schmale Pfade, nur kurz auf asphaltierten Güterwegen, durchgängig bez.
Einkehr: Jst. Waldhäusl, Ghf. in Untergeng und Rohrach, mehrere Ghf. in Kirchschlag.

Vom Ortszentrum in **Kirchschlag** ❶ mit Nr. 14 rechts auf einen Asphaltweg bergan. Der Abstecher (rechts, bez.) zur Warte auf dem **Breitenstein** ❷, 956 m, lohnt sich wegen des umfassenden Panoramas. Zurückgekehrt auf den Weg 14 aufwärts zum Freizeitzentrum (Jst. Waldhäusl) und links vom ehem. Kinderheim (heute Bogensportzentrum) gerade weiter auf einem Waldweg abwärts durch den Schauerwald. Bei einer Gabelung (P. 884) gerade, dann mit Linksbogen auf breitem Weg talab. Bei einem quer laufenden Weg kurz links, 100 m später rechts bergab auf einem Waldpfad, gerade über einen Querweg, weiter auf wenig ausgeprägtem grasigem Waldweg, sich etwas links haltend auf schmaler Spur über eine verwachsene Lichtung, an deren Ende auf einem Weg links zum Waldrand. Nun

Im Stifter-Ort Kirchschlag über Linz.

auf der Schotterstraße in einem S zum Güterweg Obergeng und auf diesem nach rechts zum Hof **Gröblinger**. Hier gerade weiter auf dem Güterweg Obergeng 800 m bis zu den ersten Häusern nach dem Waldstück links. Hier scharf links und dann vor dem nächsten Haus rechts, wo der Steilabstieg ins Rodltal beginnt: über Wiesen in Richtung Waldrand links, dann steil talwärts bis zu einem Feldweg, nach links und in einem Rechtsbogen auf dem Ecksteinerweg nach Querung eines Baches zur Ortsmitte von **Untergeng an der Großen Rodl** ❸, 571 m, Ghf.). Mark. 140/109 (WWW Salzsteigweg) weist von der Schule links auf der Straße bergan, zweigt aber bald bei einem Wohnhaus (Wegweiser) links ab (Zusatzmarkierung gelb / rot), hinauf zum Wald, auf einem Forstweg parallel zum erwähnten Bach, nach Querung eines Seitenbächleins scharf rechts, mit Linksbiegung zum Waldrand und über Wiesen zum Hof **Ecksteiner**. Dessen Zufahrt führt zum Güterweg Staubgasse. Auf ihm links bergan. An der nächsten Kreuzung links Richtung Wald (Markierung rwr und Kirchschlag 2er/violett) in den Wald zur **Wolfgangkapelle** ❹, 771 m. Leicht fallend auf dem breiten Waldweg weiter. Den violetten Tafeln Kirchschlag 2er folgend dann vom breiten Weg links auf einen grasigen Waldpfad. Nach Querung eines Bächleins, bei einem rechts einmündenden Weg halb links, auf breiterem Waldweg rechts, leicht steigend eine Forststraße querend zu einer Wiese. Hier links (breiter Feldweg, später Einmündung des Wegs 10, rwr, vom Lichtenberg) hinauf nach Rohrach ❺, 830 m, um den Ghf. Alpenblick herum zur Straße Kirchschlag–Linz. Beim Trafo rechts, der Wiesensteig trifft erneut auf die Straße, quert sie, ein ansteigender Feldweg führt jenseits stets gerade hinter Wohnhäusern Richtung Ort, zuletzt geht es rechts ins Ortszentrum von **Kirchschlag** ❶.

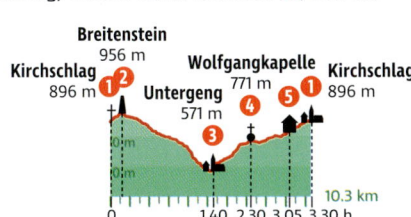

↗ 140 m | ↘ 780 m | 14.1 km

21 Vom Adalbert-Stifter-Ort zum Donaustrom
4.00 h

🚌 ✕ ♣

Eine (fast nur) Bergab-Wanderung mit herrlicher Aussicht

Nur einen kurzen, nicht sehr steilen Anstieg zum Lichtenberg weist diese Wanderung auf, sonst geht es, meist auf schattigen Waldstrecken, bergab. Die (kinderfreundliche) Streckenwanderung von Adalbert Stifters Lieblingsort zum Donaumarkt Ottensheim bietet eine prächtige Aussicht. Per Bus erreicht man rasch die Höhe, zurück geht es per Zug, Bus oder – am schönsten – per Schiff.

Ausgangspunkt: Kirchschlag bei Linz, 896 m (vgl. Tour 20, Navi: A-4202 Kirchschlag 27); Parken im Ortszentrum bei der Pfarrkirche. Busverbindung ab Linz.
Endpunkt: Bhf. Ottensheim, 261 m. Per Bahn oder Bus nach Linz/Urfahr.

Anforderungen: Wenig anstrengende Streckenwanderung; An- und Rückreise mit öffentlichen Verkehrsmitteln; schöne Wege, kurz Asphalt, bez.
Einkehr: In Kirchschlag und Rohrach; Ghf. Zur Gis; in Ottensheim.

In **Kirchschlag** ❶ empfiehlt sich ein Abstecher zur **Breitensteinwarte**, 951 m (insgesamt 20 Min., beschildert, herrlicher Rundblick). Am Ortsplatz mit der Nr. 10 talab; vor uns liegt Linz, an klaren Tagen sieht man die Alpenkette.

Auf einem Wiesenweg zweimal über die Straße und, vorbei am Gasthaus in **Rohrach**, rechts von ihm bergab. Kurz nach der Überquerung eines Bachs, 760 m, zweigt der Weg Nr. 16 Richtung Eidenberg ab; wir bleiben auf dem Weg Nr. 10, der im Wald bergauf zieht.

Nach einem Stück Forststraße auf dem Steig mit der Nr. 10 rechts weiter über eine Lichtung und nach einem Waldstück zur Straße beim **Roten Kreuz**; auf ihr kurz rechts und nach etwa 50 m mit Nr. 109/140 links bergan. Rechts empfiehlt sich ein kurzer Abstecher zum **Lichtenberg** ❷, 927 m, auf dem neben dem ORF-Sender die Giselawarte (»Gis«) steht; kurz dahinter gelangt man zum **Ghf. Zur Gis** ❸, 880 m (schöne Aussicht, Schlüssel zur Warte, falls diese verschlossen ist). Mit Nr. 109A/20 südwestlich bergab, zu-

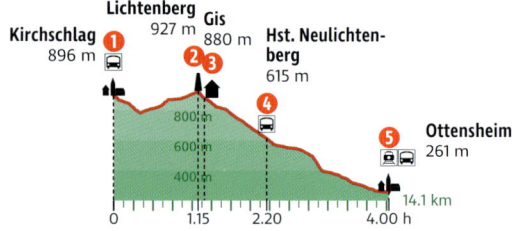

erst durch ein Wäldchen und über eine Wiese, dann erneut durch Wald, wo der Weg Nr. 144 links abbiegt. Mit Nr. 109A rechts vorbei an einem Hof zum Güterweg Kammerschlag. Wir queren diesen bei einem Wegkreuz, 799 m, und kommen wieder in den Wald (hier auch bez. »Jubiläumswanderroute«, die bald links abbiegt). Mit Nr. 109A gerade in ein Waldstück und dahinter auf den Zufahrtsweg zur Eidenberger Straße. Auf ihm nach links und nach

Die mächtige gotische Pfarrkirche in Ottensheim.

400 m auf die Gramastettner Straße bei der Bushaltestelle **Neulichtenberg/Köppelmayr** ❹.
Hier auf dem einmündenden Güterweg Mühlbergerstraße bergab. Nach 1,2 km könnte man auf Weg Nr. 190 links zurück nach Urfahr wandern (1½ Std.). Wir bleiben aber auf dem Weg Nr. 109A/20 und erreichen **Amberg**, 556 m; hier wenden wir uns links und bei einem großen Bauernhof 300 m hinter Amberg rechts und wandern, den Aphalt verlassend, zuerst über eine Wiese, dann durch Wald auf dem Weg Nr. 109A steil bergab ins **Bleicherbachtal**, 419 m. Kurz auf der Straße durch eine Siedlung, dann rechts auf einen markierten Waldweg (Zusatzmarkierung »Donauhöhenwanderweg«). Auf dem Weg Nr. 109A/20 stets bachabwärts zu einem Lehrpfad mit vielen Schautafeln; dann auf Weg Nr. 20 zur Mühlkreisbahn, wo es rechts zum **Bahnhof Ottensheim** ❺ geht. Wer den sehenswerten Markt Ottensheim besichtigen will, überquert die B 127 und gelangt über Weingarten und Linzer Straße zum Marktplatz und zur Schiffsanlegestelle an der Donau (ca. 1 km ab Bahnhof).

↗ 740 m | ↘ 720 m | 23.4 km

7.00 h

Von der Donau über den Linzer Hausberg ins Rodltal

22

Ein ausgedehnter Ausflugstag von der Landeshauptstadt aus

Die »Gis«, wie Linzer ihren Hausberg mit der Giselawarte nennen, bietet an klaren Tagen ein prächtiges Panorama. Wer den Abstieg durchs romantische Rodltal wählt und per Bahn nach Linz zurückfährt, hat eine der längsten, aber auch lohnendsten Touren im Bereich der Landeshauptstadt erwandert.

Ausgangspunkt: Linz-Urfahr, 260 m (Navi: A-4040 Linz, Gründbergstraße 2). Start an der Straßenbahn-Hst. Gründberg (Linien 1, 2); Parken an der Donau (Jahrmarktgelände) bzw. in Gründberg.
Endpunkt: Bhf. Rottenegg, 274 m. Rückfahrt per Bahn nach Linz-Urfahr, Mühlkreisbhf.
Anforderungen: Lange Streckenwanderung, Ausdauer! An-/Rückfahrt mit öffentlichen Verkehrsmitteln; gut bez., schöne Wald-/Wiesenwege, vor Gis und Gramastetten etwas längere Asphaltstücke.
Einkehr: Ghf. Zur Gis; Ghf. Eidenberger Alm; in Eidenberg, Gramastetten, Rottenegg.
Varianten: Kürzer: ab Ghf. Zur Gis direkt nach Eidenberg oder Reisinger (s. u.); lohnend auch (verkürzt) bis Eidenberg (12 km) oder Gramastetten (16 km) mit Busrückfahrt nach Linz-Urfahr; oder Start in Eidenberg (Busanreise von Linz-Urfahr, 12 km).

Blick vom Weg zur Giselawarte auf den Pöstlingberg bei Linz.

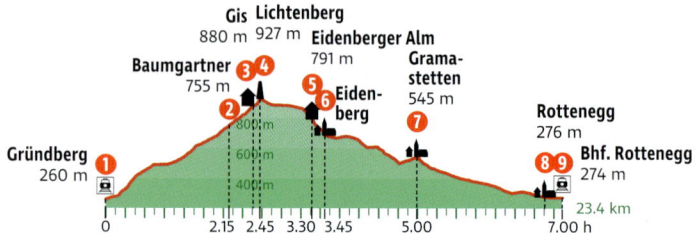

Vom Parkplatz in **Urfahr** mit der Straßenbahn (Linien 1 oder 2) zur Haltestelle **Gründberg** ❶. Auf der anderen Straßenseite mit Nr. 140 über Pachmayr- und Höllmühlstraße zu einem rechts abzweigenden Weg und auf ihm steil bergan durch Wiesen und Wald in den **Höllmühlbachgraben** und nach **Asberg**. Hier auf dem Güterweg stetig bergan. Beim Hof **Baumgartner** ❷, 755 m, stoßen wir auf die Straße zur Gis, verlassen sie aber in der nächsten Linkskurve, um durch Wald zum **Ghf. Zur Gis** ❸, 880 m, und kurz dahinter auf den **Lichtenberg** ❹, 927 m, zu gelangen (Sendemast, Giselawarte; Schlüssel im Ghf.). Nun leicht bergab zum Roten Kreuz, 870 m (Nr. 10, 109/140). Geradeaus auf Nr. 140 zu einer Wegkreuzung mit Kapelle und links auf Weg Nr. 16. Er bringt uns vorbei am **Ghf. Eidenberger Alm** ❺ nach **Eidenberg** ❻, 685 m (um 20 Min. kürzere Variante: ab Ghf. Gis direkt hierher auf Nr. 26).

Mit Nr. 16 erst gerade, dann beim Friedhof links auf die Zufahrt Schmiedweg. Wir queren einen Bach und auf einem Wiesenweg bergan erreichen wir zwei Höfe; über einen Güterweg zum Hof **Reisinger**, 645 m (Einmündung von Nr. 24 direkt von der Gis, 40 Min. kürzer). Hinter dem Hof rechts auf einen weiteren Gü-

terweg, kurz darauf links ab und nach einer Senke und kurzem Anstieg zum nächsten Güterweg; auf ihm bergab Richtung Gramastetten. In einem Wäldchen mit Nr. 16 links ab und bald wieder auf die Straße, die wir in einer scharfen Rechtskurve links verlassen, um steil aufwärts **Gramastetten** ❼ und auf dem ansteigenden Marktplatz die Pfarrkirche, 545 m, zu erreichen. Unser Weg führt zwischen Gemeindeamt und Kirche nordwärts, rechts zu einer Straßenkehre, hier links auf die Zufahrt zum **Rodlbad** und auf einem Steg über die **Große Rodl**, 440 m. Mit Nr. 60 im Tal vorbei an einem Sägewerk zu einer Straßenbrücke, 390 m. Wir überqueren die Rodl und wandern am linken Ufer auf Weg Nr. 190 im blockübersäten Tal abwärts. Teils ansteigend, dann wieder direkt am Ufer, zuletzt vorbei an Wochenendhäusern, erreichen wir **Rottenegg** ❽, 276 m, bleiben auf dem linken Ufer, kommen zur Eschelberger Straße und auf ihr, 800 m gerade weiter, zum **Bahnhof** ❾.

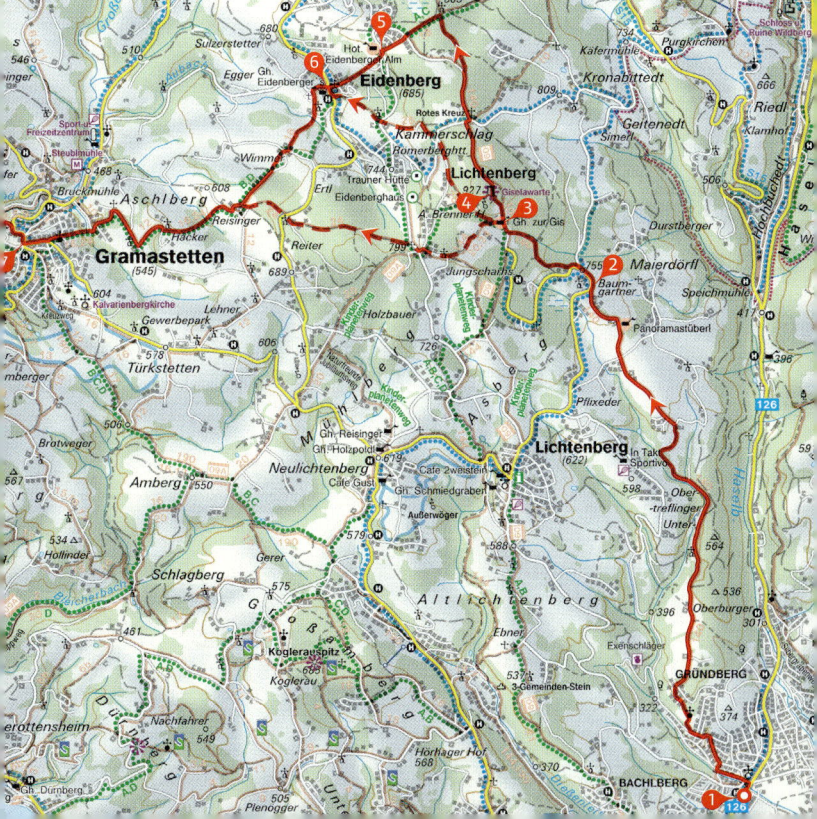

TOP 23 — Höhenwege am Stadtrand von Linz

↗ 460 m | ↘ 450 m | 15.4 km
4.15 h

Klassisches Linzer Ausflugsziel mit prächtigem Stadtblick

Die schöne Tour führt von der Donauebene beim einstigen Kloster Pulgarn über die Mühlviertler Höhen zum Ausflugsgasthaus auf einem der Linzer Hausberge, dem Pfenningberg, und erfreut mit prächtigen Stadtblicken, wenn man 8 Kilometer flussaufwärts wieder zur Donau bei Plesching hinunterwandert.

Ausgangspunkt: Pulgarn, 253 m (Navi: A-4221 Steyregg, Pulgarn). Auf der B 3 ab Linz bis 3 km östl. von Steyregg; Parken in Linz beim Bhf. (Parkhaus) bzw. bei Hst. Pulgarn. Anreise per Bahn von Linz-Hauptbhf. Richtung Freistadt.

Endpunkt: Plesching, 260 m, am Stadtrand von Linz. Rückfahrt nach Linz (Bhf.) mit Stadtbus und Straßenbahn, Rückfahrt nach Pulgarn mit dem Bus (Richtung Mauthausen/Perg) möglich.

Anforderungen: Schöne Streckenwanderung; An- und Rückreise mit öffentlichen Verkehrsmitteln; gute Wege, kurz Asphalt; teils dürftig bez./beschildert, teils unbez., Orientierungssinn erforderlich.

Einkehr: Ghf. Daxleitner; in Plesching.

Von der Bahnstation **Pulgarn** ❶ biegen wir von der Straße in den Ort nach 100 m rechts auf einen Feldweg ab zum ehemaligen **Kloster** ❷. Dort am **Reichenbach** entlang und knapp vor einer Siedlung rechts mit der grün-weiß-blauen Markierung (Pfeil »Lungitz, St. Georgen«) durch Wald bergan zu einer Forststraße. Diese gleich wieder rechts verlassen und nach dem

Blick vom Pfenningberg auf Linz.

Waldrand auf einem Feldweg weiter. Direkt vor einem Güterweg links ab und auf den Donauhöhenweg. Nach 100 m rechts am Waldrand, dann im Wald stetig bergan zum **Hohenstein**, 526 m. Leicht bergab gelangt man auf einen Güterweg; auf ihm links durch die Siedlung **Forst** und in 20 Min. zum ehemaligen **Ghf. Ägidistüberl** ❸, 460 m. Der Name »Ägidistüberl« verweist aufs nahe Ägidikircherl (rechts, lohnender Abstecher, bez., 40 Min.).

Wir verlassen beim Gasthaus die Markierung und folgen der Straße geradeaus. Beim nächsten Hof auf dem zweiten Weg links, mit Nr. E3 durch den Wald bergab zu einem Hof in **Unterreichenbach**, hier nach links auf den Güterweg. Bei der nächsten Kreuzung nicht mit der Markierung E3, sondern links, vorbei an einem Transformator, auf der Straße abwärts und beim zweiten Abzweig links zum Hof Gruber (Holzwinden 63). Bei der Wegteilung rechts hinab zum **Reichenbach**, 310 m, und gegenüber bergauf zum nächsten Hof; hier rechts auf den Güterweg. Nach 100 m links auf die Zufahrt zu den Häusern Holzwinden 60/61 und mit den Zeichen des Donausteiges in Gegenrichtung weiter. Ab dem Asphaltende (Erbhof) durch ein Wäldchen zur Siedlung **Holzwinden** ❹; dort zuerst links und nach 350 m rechts (Holzwinden 29/30), vorbei an einem Reiterhof. Den nächsten Güterweg querend hinauf zum **Ghf. Daxleitner** ❺ in **Lachstatt**. Hier mit Nr. 50 leicht rechts in den Wald. Nach Querung eines Bächleins (meist trocken) ist bei der nächsten Kreuzung rechts ein Abstecher auf den **Pfenninberggipfel** und Dreibuchenkreuz möglich (616 m, unbez., ca. 25 Min. tw. Aussicht). Weiter durch Wald bis zum Asphaltbeginn bei einem Holzhaus. Ab hier bergab Richtung Donau mit schönem Blick auf den Strom und Linz. In **Plesching** ❻ zur Donauuferstraße; hier rechts zur Umkehrschleife der Linzer Buslinie 33, die uns in die Stadt zurückbringt.

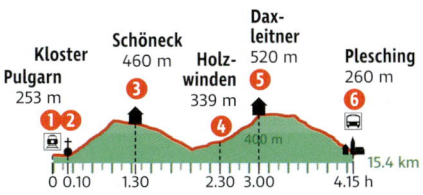

↗ 460 m | ↘ 670 m | 25.4 km

24 Zwischen Großer Gusen und Großer Rodl

6.45 h

Sterngartlblick, Burgruine und Stoabloßhöfe im Linzer Hochland

Die Region Sterngartl bietet ein dichtes Netz gut bezeichneter Wege auf aussichtsreiche Höhen in – trotz Großstadtnähe – intaktem Bauernland. Diese Tour führt vorbei an einer Aussichtswarte in ein besonders schönes, unter Denkmalschutz stehendes Bauerndorf mit typischen Mühlviertler Höfen.

Ausgangspunkt: Hellmonsödt, 825 m (Navi: A-4202 Hellmonsödt, Marktplatz 14). Ab Linz-Urfahr auf der B 126 bis Glasau, dann 1 km rechts (O); Parkplatz Badstraße (hinter Volksschule). Bus ab Linz.
Endpunkt: Zwettl/Rodl, 616 m, Bushaltestelle Linzer Straße. Rückkehr zum Ausgangspunkt: günstige Busverbindung ab Zwettl Richtung Linz bis Glasau (5 km), von dort auf Weg Nr. 12 600 m zurück nach Hellmonsödt; ausdauernde Geher kommen ab Zwettl auch auf Nr. 150 (MLW) nach Hellmonsödt zurück (5 km, 1¼ Std.).

Anforderungen: Unschwierige, lange Streckenwanderung; gute (Wald-) Wege, kurz auf Asphalt; bis auf zwei kurze Strecken durchgehend bez.
Einkehr: In Hellmonsödt, Reichenau, Ottenschlag, Zwettl; Sonnberg (Jst., geöffnet Do. ab 15, Fr.-Sa. ab 13, So. ab 11.30 Uhr).
Tipp: Verkürzung um 9 km, wenn auf den Besuch von Ottenschlag verzichtet und ab Reichenau auf Nr. 150 (MLW) direkt nach Sonnberg gewandert wird. Die Runde Reichenau–Ottenschlag–Reichenau kann auch als eigene Kurztour unternommen werden (2¼ Std.).

In Wirth bei Reichenau, mit Blick zum Schloss.

Blick auf Reichenau/Mühlkreis im Gusental.

In **Hellmonsödt** ❶ auf der Försterstraße 500 m auf Weg Nr. 79/80, dann auf Nr. 79 links entlang einer Baumreihe zum Waldrand und weiter bis in Sichtweite der Höfe von **Eckartsbrunn** (865 m). Nr. 79 biegt rechts ab, leitet kurz darauf bei der ersten Abzweigung links zum Wald und dann stets geradeaus (Nr. 80/162) nach **Wirth**. Auf dem Güterweg Schlossviertel, vorbei am Hof Weixelbaumer (Abstecher zum Hexenstein, bez. Nr. 80, 5 Min.) und bei einer Straßengabelung links, zum Parkplatz unter der **»Sterngartlaussicht«** (Nr. 81/82). Auf einem Pfad kommt man in 5 Min. links hinauf zur Warte, 856 m. Nun mit Nr. 81 auf den Wald zu, vor ihm rechts hinab zu den Höfen von **Brandstatt**. Hier auf dem Güterweg links bergab, bei der ersten Abzweigung (gerade: Sackgasse) rechts, hinunter zur Einmündung in die Haibacher Straße. Auf ihr links talwärts zu einem Gehölzstreifen und gerade weiter bis zu einer markanten Rechtskehre unter einem Hof und links an ihm vorbei hinauf zur **Burg Reichenau**, 720 m. Noch unter der Burg führt Nr. 150 (Mittellandweg) gerade über eine Wiese zum Wald, nach steilem Abstieg links über einen Bach und mit Rechtsbogen durch eine schmale Gasse hinab zum Marktplatz von **Reichenau im Mühlkreis** ❷, 667 m.

Mit Nr. 150 auf der Marktstraße gerade bergab, dann links abzweigend vorbei am Seyrlberg (Ghf.) zur Straße nach Ottenschlag; auf ihr ca. 1 km bis zur Einmündung des Güterwegs Mistelbach (links Naturschutzgebiet Stadlerwiese; nicht vorher rechts auf Nr. 150 abzweigen!). Auf dem Güterweg kurz rechts hinauf und kurz darauf zu einer Forststraße (bez. Nr. 96), die uns links empor nach **Brunnfeld** bringt. Dort auf der Zufahrt gerade weiter in den unter Denkmalschutz stehenden Ort **Ottenschlag** ❸, 840 m – eine Runde durch das Bauerndorf mit seinen prächtigen Steinbloßhöfen ist zu empfehlen. Vom oberen Ortsende wählen wir für den Rückweg einen unmarkierten Feldweg oberhalb (nördlich) der Anstiegsroute. Er leitet eben in den Wald, dann rechts abbiegend bergab zur Reichenauer Straße, die wir genau an der Einmündung des Güterwegs Lichtenstein überqueren. Auf dem Güterweg rechts 250 m hinab in die Mulde des **Grasbachs**, 720 m, und hier auf dem Güterweg Herndlsberg links (Nr. 162) 1 km hinauf zur Kapelle auf dem **Herndlsberg**, 801 m.

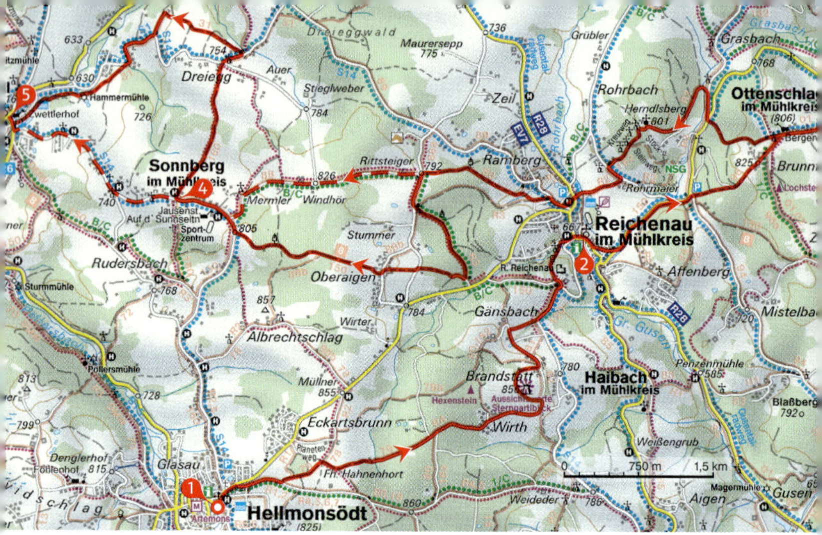

Mit Nr. 162 unterhalb der Kapelle links zum Wald, entlang von Kreuzwegstationen, zwei Wege querend, steil bergab zum nächsten Hof und links auf einem Güterweg zum Hof **Rohrmaier**. Hier führt ein Feldweg rechts hinab zum Bad von Reichenau, wo wir den **Rohrbach**, 660 m, queren und hinauf zur Volksschule an der Straße nach Schenkenfelden steigen. Links

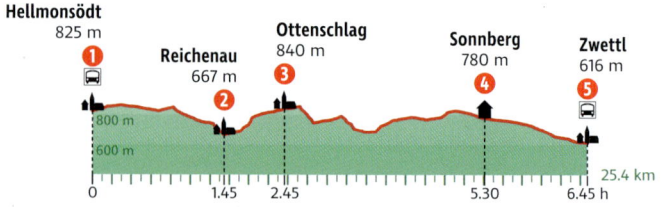

100

kämen wir erneut hinein ins Reichenauer Ortszentrum. Wir wählen an der Straßengabelung den Güterweg Glashütten (rechts, Nr. 88), zweigen von ihm nach 600 m in **Ramberg** kurz nach einer markanten Linkskurve links ab, streben mit Rechtsbogen dem Wald zu, halten uns bei einem Bildbaum links ab und kommen unterhalb des Hofs **Rittsteiger** zur Habrucker Straße, 792 m (Wegweiser: geradeaus auf kürzerem Weg nach Sonnberg, allerdings auf Asphalt). Wir wenden uns auf der Straße links, biegen nach 300 m bei zwei Bildstöcken links in den Wald (Nr. 88) und treffen bei P. 766 nahe der Hellmonsödter Straße auf Nr. 150 (Mittellandweg). Hier rechts, bei einem Rinnsal nochmals rechts und dann gerade über die Habrucker Straße nach **Oberaigen**, 820 m. Jenseits der Dorfstraße zum Dreieggwald, den wir stets geradeaus durchqueren. Wir verlassen Nr. 150 an der Sonnberger Straße (P. 805) und folgen dieser rechts (unbez.) 350 m zur Jst. »Auf d'Sunnseit'n« in **Sonnberg im Mühlkreis** ❹, 780 m.

Von der 2,5 km gerade nach Zwettl führenden Straße schwenken wir nach 400 m knapp vor dem Gemeindeamt rechts auf Weg Nr. 160, um so schöner auf einem Wiesenweg nach **Dreiegg** zu wandern. Beim Feuerwehrhaus, 754 m, 200 m geradeaus auf dem Güterwegast bis zum Haus Dreiegg 16; hier mit Nr. 31 links hinab zum Wald und zu einem Hof. Links auf der Zufahrt zum Güterweg Dreiegg und auf ihm rechts 700 m bergab. Nach einer Bachbrücke mit Nr. 31 links durch Wald, oberhalb von Häusern über Wiesen und dann rechts hinab zur Brücke über die **Große Rodl**. Gleich dahinter zweigt links ein Spazierweg ab, auf dem wir längs des Flusses den Marktplatz von **Zwettl an der Rodl** ❺, 616 m, und links über die Rodlbrücke die Busstation an der Linzer Straße erreichen.

Die Schlossruine Reichenau wird im Sommer für Freilichtaufführungen genutzt.

TOP 25

↗ 210 m | ↘ 210 m | 7.5 km
2.15 h

Zum Aussichtsturm am Roadlberg

Kurze, erlebnisreiche Familienwanderung

Diese kleine Runde bietet neben herrlichen Wegen durch einsame Gegenden unterwegs ein Biotop, einen Vogellehrpfad, einen Aussichtsturm und eine urige Jausenstation, die auch Attraktionen für Kinder bereithält.

Ausgangspunkt: Oberzeurz bei Alberndorf, 594 m (Navi: A-4211 Alberndorf, Kirchenplatz 1). Ab Linz-Urfahr A 7 bis Ausfahrt Gallneukirchen, dann auf der B 125 nach Gallneukirchen und nördl. über Alberndorf Richtung Ottenschlag; Parken an der Straße. Bus ab Linz bis Alberndorf (dann 1,3 km auf der Straße nach Ottenschlag).

Anforderungen: Kurze Rundwanderung; schöne Wege, steiniger, steiler Pfad zum Gipfel; mit Ausnahme des Aufstiegs zur Warte mit Kinder-Buggy möglich; bez. (Tafeln, Wegweiser).
Einkehr: In Wintersdorf (Jst. Roadlhof, nur Fr. ab 14.30 Uhr, Sa./So. ab 11.30 Uhr geöffnet, an Feiertagen geschlossen, roadlhof.at).

Vom Parkplatz beim Sportplatz etwa 450 m auf der Ottenschläger Straße zum Ausgangspunkt in **Oberzeurz** ❶. Hier zweigt zwischen zwei Höfen westwärts Weg A10/A3 ab, leitet rechts hinab zum **Zeurzer Bach**, steigt nach links an und zieht mit Rechtswendung auf den Wald zu (A3 biegt hier links ab). Mit A10 geradeaus empor in den Wald, bei einer Gabelung rechts,

an der nächsten Kreuzung links und später wieder oberhalb rechts am oberen von zwei Wegen. Durch den prächtigen Hochwald ins Landschaftsschutzgebiet **Biotop Edelwiese**, wo rechts ein Vogellehrpfad, die Wiese umrundend, abzweigt. Mit A10 geradeaus (bei einer Gabelung dreier Wege am rechten Weg) zu einem weiteren Waldstück mit Einmündung des Lehrpfads; am Waldrand erst rechts, dann links und bei einer steinernen Gattersäule zu einer Wegteilung, 725 m. Geradeaus geht es direkt nach Wintersdorf; wir aber zweigen links ab in den Wald am Fuß des Roadlbergs und erreichen bei einem großen Felsblock den steinigen Pfad, der rechts entlang eines Holzgeländers in wenigen Minuten steil über den mit Granitblöcken übersä-

Die Jausenstation Keck (Roadlhof) in Wintersdorf.

ten Hang hinaufzieht zur Warte am Gipfel des **Roadlbergs** ❷, 778 m (bei Nässe nicht zu empfehlen; der Hauptweg führt geradeaus eben weiter nach Wintersdorf). Nach dem herrlichen Ausblick vom hölzernen Turm (Aufstieg kostenlos, stets offen) wenden wir uns links auf einem Waldweg hinab zur Wiese (rechter Hand ist ein Damwildgehege) und danach rechts eben zur Jst. Keck (Roadlhof) in **Wintersdorf** ❸, 710 m.

Bei der Jausenstation nach rechts parallel zum Damwildgatter, dann nach links in Richtung Feuerwehrzeughaus Wintersdorf. Hier leitet ein unbefestigter Fahrweg nach rechts (Wegweiser »Alberndorf, A3«) hinauf zum Wald und danach entlang der Trockenmauer Hadersdorf (Informationstafeln) zu den Häusern von **Schwarzau** ❹, 731 m. Beim großen Hof Hadersdorf 10 verlassen wir den hier beginnenden Asphalt bei der Kapelle nach rechts und wandern am linken Hang einer Wiesenmulde zum Wald. Auf steinigem Waldweg bergab, über den zur nahen Alberndorfer Straße ziehenden Güterweg Hadersdorf, vorbei an der **Barbara-Kapelle**, 653 m, und nach Durchquerung eines Föhrenwalds biegen wir beim Wasserhochbehälter rechts ab (Wegweiser Sportplatz).

Auf einem Feldweg entlang der Waldböschung zu einem Hof am Beginn eines Güterwegs; über diesen links 250 m hinunter zum Sportplatz an der Ottenschläger Straße nach **Oberzeurz** ❶ oder nach links in knapp 1 km zur Bushaltestelle in Alberndorf.

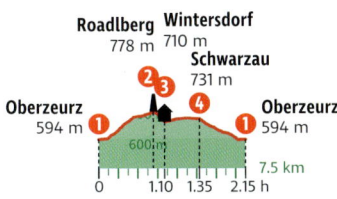

↗ 400 m | ↘ 400 m | 15.5 km

26 Zum Sternstein, dem »Dach des Mühlviertels«

4.15 h

Historische Plätze, Weitwanderwege und eine Aussichtswarte am ehemaligen »Eisernen Vorhang«

Diese familienfreundliche Wanderung beginnt in Bad Leonfelden, einem alten Webermarkt und einer jungen Kurstadt mit historischem Schulmuseum und weitum bekannter traditioneller Lebzelterei. Die Tour führt zunächst auf dem Donau-Moldau-Weg über die Europäische Kontinentalwasserscheide zum Leonfeldner Hausberg. Ein kurzer Abstecher zur Schwedenschanze (rekonstruierte Befestigungsanlage aus dem Dreißigjährigen Krieg) an der tschechischen Grenze lohnt sich. Vom Sternstein, einem der höchsten Gipfel des mittleren Böhmerwalds, können müde Wanderer per Sessellift talwärts schweben, während tüchtige Geher auf einem schönen Teilstück des bekannten Nordwaldkammwegs zum Ausgangspunkt zurückkehren.

Ausgangspunkt: Bad Leonfelden, 750 m (Navi: A-4190 Bad Leonfelden, Hauptplatz 1). Von Linz-Urfahr über die B 126; Parken z. B. beim Einkaufszentrum. Busverbindung ab Linz.

Anforderungen: Leichte Rundwanderung; gute Wege, kurz auf Asphalt; durchgehend gut bez.
Einkehr: In Bad Leonfelden; Ghf. Rading; Waldschenke Sternstein.

Vom Hauptplatz in **Bad Leonfelden** ❶ über ein schmales Gässchen ostwärts (Nr. 12). Zuerst ein Stück auf dem Donau-Moldau-Weg (Linz–Krumau) und über die B 126. Nach kurzem Anstieg in einer Senke bei **Appenau** über die **Große Rodl** und geradeaus bergauf, vorbei am Denkmal für den Mundartdichter Franz Stelzhammer (Schöpfer der oberösterreichischen Landeshymne), zur europäischen **Kontinentalwasserscheide**, 750 m, zwischen Nordsee und Schwarzem Meer. Durch die Mulde des zur Moldau fließenden Granitzbachs, zuletzt links schwenkend, zum Gasthof in **Rading** ❷, 760 m. Nr. 12 führt weiter zur Schwedenschanze, ein Abstecher von insgesamt

Die Sternsteinwarte bei Bad Leonfelden.

ca. 20 Min. (Nr. 12 endet dort an der Staatsgrenze). Wir aber folgen beim Gasthof links dem Weg Nr. 11 zur B 126 und gehen auf dieser kurz rechts, um dann links über einen Wiesenweg nach **Weigetschlag**, 826 m, zu gelangen. Hier wandern wir links auf Weg Nr. 11 zum Feuerwehrdepot, wo wir auf einen Güterweg rechts einbiegen. Nach einem kleinen Waldstück links ab auf einen Feldweg und immer geradeaus leicht bergan. Im Wald stoßen wir auf den Zubringer von der Sessellift-Talstation (Nr. 15, 20 Min.), passieren Silberhartschlag und erreichen auf Nr. 11 nach 1 Std. die Ableg (ein einsam gelegenes Bauernhaus; kurz vorher Wegweiser zum Pilzstein, 5 Min. von hier). Unsere Route führt erst links, dann, nach Abzweigung mehrerer Wanderwege, weiter auf Nr. 11 rechts bergauf und erreicht nach ½ Std. oberhalb der Sternsteinlift-Bergstation die Warte auf dem **Sternstein** ❸, 1122 m.

Ab hier begleitet uns die blau-weiße Nordkammweg-Markierung Nr. 105 zu einer Forststraße; gleich wieder links von ihr abzweigend geht es hinab zum **Ghf. Waldschenke** ❹, 950 m (30 Min. ab Gipfel). Der blau-weißen Markierung folgend östlich von Oberstern auf herrlichen Waldwegen bergab und nach rechts zur Straße. Auf ihr nur kurz links, dann auf Weg Nr. 105 nach rechts (herrlicher Blick auf Bad Leonfelden) und hinab zu den ersten Häusern von Unterlaimbach. Von dort zur B 38 und auf ihr links nach **Bad Leonfelden** ❶.

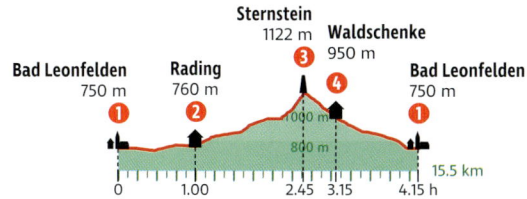

↗ 280 m | ↘ 280 m | 16.1 km

27 Mühlenweg, Heidenstein, Grenzsteig

4.15 h

Mühlenromantik und heidnische Opferstätte

Ein prächtiger, lehrreicher Rundweg bringt den Wanderer zu zehn alten Mühlen, teils an der böhmischen Grenze, und vermittelt auf Schautafeln ihre Geschichte. Ein Aufstieg zu den Felsen des Heidensteins bei Eibenstein, einer frühgeschichtlichen Kultstätte, bereichert diese Tour.

Ausgangspunkt: Reichenthal, 683 m (Navi: A-4193 Reichenthal, Marktplatz 23). Von Linz-Urfahr auf der B 126 nach Bad Leonfelden, 6 km auf der B 38 Richtung Freistadt, dann 3 km links (N); Parken am Marktplatz. Bus ab Linz.
Anforderungen: Leichte Rundwanderung; schöne Wald- und Wiesenwege mit geringen Steigungen, nur kurz auf Asphalt; durchg. gut bez. (rot, Tafeln »10-Mühlenweg«); für Familien gut geeignet.
Einkehr: In Reichenthal, Lorenzmühle und Eibenstein (nur abends geöffnet).
Variante: Eine kurze Runde entsteht bei Rückkehr ab Allhut über Weg Nr. 45.

Am oberen Ende des **Reichenthaler Marktplatzes** ❶ gegenüber der Kirche weisen Tafeln »10Mühlenweg« (Mark. 154/10) westwärts (vom Platz geradeaus). Nach rechts abbiegend führt uns die Straße zum Reichenthaler Sportplatz, 723 m, dort schwenken wir nach links und erreichen über einen Feldweg den nach Böhmdorf führenden Güterweg. Wir verlassen diesen nach 300 m bei einer Marienkapelle nach rechts. Wir folgen dem Mühlenweg (154) den **Graslbach** abwärts auf schönem Waldweg vorbei an der **Altmühle** mit Ausblicken auf Böhmdorf und den Sternstein. Nach einem kurzen Asphaltstück gelangen wir entlang des (zur Moldau fließenden) Graslbachs zur Graslmühle, 624 m, die direkt an der Grenze liegt. Rechts bergan, zuerst durch Wald und dann auf einem Feldweg, erreichen wir auf einem Güterweg die Ortschaft **Allhut** ❷, 674 m, die wir durchqueren (verkürzter Rückweg rechts möglich, siehe Variante). Bergan leitet uns der Mühlenweg dann im Wald nach links direkt an die tschechische Grenze (Informationspavillon), an der entlang es nun leicht bergab geht. Rechts liegt **Stiftung** mit dem

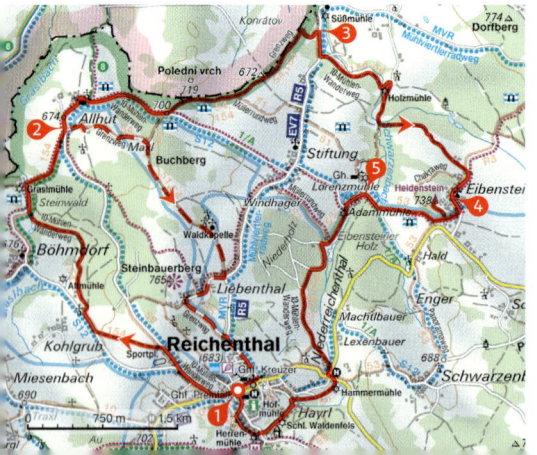

Schloss Waldenfels bei Reichenthal.

großen Zollhaus – hier war ein Grenzübergang zum tschechischen Ort Kainredschlag, der wegen des Eisernen Vorhangs gesprengt wurde.
Über ein kurzes Asphaltstück nach rechts verlassen wir die Grenze und gelangen bergab zur **Süßmühle** ❸. Hier biegen wir scharf rechts ab, beim Güterweg Mörixbauer nach links und folgen dann dem (ebenso zur Moldau fließenden) **Kettenbach** bachaufwärts. Nach der Holzmühle (605 m) verlassen wir den Mühlenweg und folgen bergan der Markierung R2 nach **Eibenstein** ❹, 668 m, zum Felsklotz des **Heidensteins**, 738 m, bei dessen Besteigung man auf schalenförmige Vertiefungen stößt, vermutlich von einer heidnischen Opferstätte. Mark. 53 (und R2) führen uns wieder ins Tal des Kettenbachs zur **Lorenzmühle** ❺) und zur **Adammühle**. Auf schönem Wald-, später Wiesenweg erreichen wir die Hammermühle, 640 m, wo wir die Rainbacher Straße queren. Wir folgen den Wegweisern bachaufwärts und kommen, vorbei am **Schloss Waldenfels**, zur Hayrlmühle (Herrenmühle) mit kleinem Museum unterhalb vom Schloss. Bergauf erreichen wir den Marktplatz von **Reichenthal** ❶.

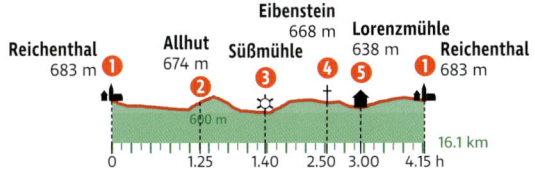

↗ 370 m | ↘ 370 m | 19.5 km

28 Thierberg und Mühlviertler Gotikstraße

5.00 h
🚌 ✕ 🚶

Kunstschätze und Heilkräuter an der Kontinentalwasserscheide

Der Schenkenfelder Kalvarienberg, das Gotik-Schatzkästlein der Waldburger Kirche und der im tiefen Tal liegende Ort Hirschbach (»Heiligenblut des Mühlviertels«) mit Kräutergarten und Bauernmöbelmuseum sind Glanzpunkte des Mühlviertler Höhenwegs an der Wasserscheide zwischen Donau und Moldau.

Ausgangspunkt: Schenkenfelden, 734 m (Navi: A-4192 Schenkenfelden, Markt 1). Von Linz-Urfahr auf der B 126 bis Bad Leonfelden, hier auf der B 38 6 km Richtung Freistadt, dann 2 km rechts (S); Parkplatz am Markt, großer Parkplatz beim Märchenweg und bei der Kalvarienbergkirche. Busverbindung ab Linz.
Anforderungen: Lange Rundwanderung; gute Wege, schmale Pfade, kurz auf Asphalt; bez. (Nordwaldkammweg: NWK, blau; sonst rote Tafeln), hinter Waldburg kurz unbez.
Einkehr: In Schenkenfelden, Guttenbrunn, Waldburg und Hirschbach.

Vom Marktplatz in **Schenkenfelden** ❶ mit den NWK-Zeichen (blau, Nr. 105) in nördlicher Richtung auf der Straße nach Reichenthal entlang der Barockkapellen des Kreuzwegs. Beim Anstieg zum **Kalvarienberg** ❷ gibt es zwei Möglichkeiten: entweder auf dem Kammweg über die sehenswerte Kalvarienbergkirche, 757 m, oder auf dem Märchenweg (Nr. 65, rot, 500 m länger); im **Thierbergwald** treffen sich beide Wege. Der Abstecher zum Felsaufbau des **Hirtsteins**, 844 m, mit Gipfelkreuz lohnt sich, ebenso der zur Einsiedlerhöhle (beschildert). Weiter auf dem Kammweg durch Wald und Wiesen bergab nach **Oberdorf**, 730 m, und jenseits der Ortsstraße mit den NWK-Zeichen rechts, dann links haltend, über Wiesengelände

Die vom Freiherr von Harrucker gistiftete Kalvarienbergkapelle in Schenkenfelden.

bergab und weiter (SO) nach **Guttenbrunn** ❸, 692 m (Ghf). Mit den NWK-Zeichen in derselben Richtung geradeaus zum Vierhöfer und auf der Asphaltzufahrt nordöstlich nach **Harruck**, 749 m; von dort auf einem Güterweg nach **Waldburg** ❹, 685 m, mit den drei Flügelaltären in der Pfarrkirche – ein bedeutender Ort an der Mühlviertler Gotikstraße. Wir verlassen den Kammweg am östlichen Ortsausgang, folgen der Straße rechts bergab und biegen nach der Ortstafel rechts auf den Güterweg Prücklberg. Bei der nächsten Weggabelung mit der Markierung Hi9 geradeaus und zum Bauernhof **Groißenbauer**. Nach Umrundung des Hofs über den Feldweg rechts leicht bergan Richtung Wald, dann erneut links (Hi9) und auf einem Feldweg nach **Kirchberg**, 732 m. Hier auf dem bezeichneten **Kräuterweg** (Hi3) hinab nach **Hirschbach** ❺, 640 m, ins Tal der **Kleinen Gusen**. Bei der Kirche im Zentrum weist eine Tafel zum **Kräutergarten**, den wir durch die Kräuterpforte betreten. Der steile Weg führt an gut beschriebenen Kräutern und Pflanzen vorbei. Mit Hi7 nach **Vorwald**, dort links und zur Marienkapelle (P. 793). Wir bleiben auf dem rechts abbiegenden Weg Hi7 (geradeaus Abstecher zum südlichsten Punkt der Wasserscheide Nordsee–Schwarzes Meer in Lichtenstein, 1,2 km) und erreichen einen Bildstock und Weg Nr. 162/65. Rechts weiterhin auf dem Kräuterwanderweg (Hi7/65), nach zwei Waldstücken über die Hirschbacher Straße nahe Hammerbichl und auf einem Feldweg schräg links. Bei einer Gabelung links und zu einer Kreuzung (Nr. 67 geradeaus zum Kalvarienberg). Auf Weg Nr. 65 links zu der Siedlung **Obere Windflach** und durch diese zur Hirschbacher Straße; auf dieser rechts hinein zum Marktplatz von **Schenkenfelden** ❶.

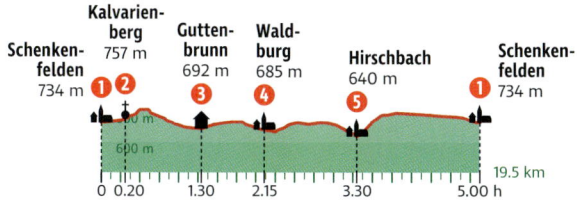

↗ 140 m | ↘ 140 m | 9.0 km

29 Unterwegs am Aisttalweg

2.30 h

Genusstour durch eines der beeindruckendsten Mühlviertler Täler

Die gotischen Kirchen von Wartberg ob der Aist bilden den kulturellen Auftakt dieser Tour, dann wandert man durch das außerordentlich schöne, felsübersäte Durchbruchstal der Feldaist bei Pregarten als krönenden Abschluss einer kaum anstrengenden, auch für Kinder gut geeigneten Wanderung.

Ausgangspunkt: Bhf. Pregarten, 420 m (Navi: A-4230 Pregarten, Bahnhofstraße 51). Ab Linz-Urfahr auf der Mühlkreisautobahn A 7, dann auf der B 124 nach Pregarten, Richtung Zentrum; Parken beim Bhf. Bahn ab Linz-Hauptbhf. Richtung Freistadt.
Anforderungen: Kurze Runde (Halbtagestour); schöne Wege und Pfade, kaum Asphalt, für Kinder attraktiv; anfangs unbez., dann gut beschildert, zuletzt rwr (Naturfreundeweg Nr. 170).
Einkehr: Mostheuriger vor Wartberg, mehrere Ghf. in Wartberg; Jst. Kriehmühle (Mo. Ruhetag, Di.–Do. ab 14 Uhr, Sa/So ab 10 Uhr); Ghf. zur Bahn in Pregarten (Mo. Ruhetag).
Tipp: In Kombination mit Tour 30 nach Reichenstein schöne Tagestour.

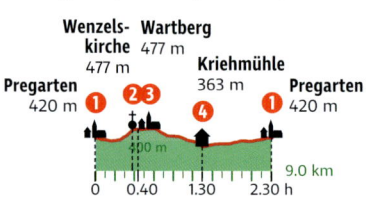

Vom **Bahnhof Pregarten** ❶ westwärts zur B 124, dann rechts unter der Bahn durch und gleich nach der Unterführung links auf den Güterweg Angerer, der an einem Hof (Schützeneder) endet. Hier kurz gerade bergab bis zu einem Waldeck vor dem nächsten Haus, wo wir auf Weg Nr. 6 stoßen; auf ihm am Waldrand links bergauf. Über eine Bahnbrücke zu einem Mostheurigen. Dort rechts, dann gleich wieder links und steil hinauf zu einem Bildstock bei den ersten Häusern von Wartberg; rechts auf dem Zeitenweg W 1111 zur **Wenzelskirche** ❷ auf dem Hügel nördlich des Orts. Beim nahen Haus auf dem Ortsweg links vorbei am Ghf. Stegfellner zur Ortsmitte von **Wartberg**

Die Feldaist bei der Kriehmühle, ein herrlicher Badeplatz.

ob der Aist ❸, 477 m. Auf der Hauptstraße rechts bis zur B 123, diese überqueren und mit den Wegweisern »Aistrundweg, 2« zur **Kalvarienbergkapelle** (P. 481). Hier mit der Nr. 2 rechts (südlich) zu einem Reiterhof, dahinter in gleicher Richtung weiter am Waldrand nach Steinpichl und fast bis zur B 123. Kurz vor ihr beim Haus Nr. 36 links ab, am nächsten Wald vom breiten Weg rechts am Waldrand zu einem großen Hof; hier halb rechts über die Wiese in Richtung auf eine nahe Asphaltzufahrt; auf dieser links. Knapp vor ihrem Ende (Hof Wolfsegg 14, 389 m) biegt Weg Nr. 2 schräg rechts ab, zieht über Wiesen Richtung Waldrand und führt nahe diesem rechts hinab zur Zufahrt und über diese links zur **Kriehmühle** ❹, 363 m (Jst.).
100 m flussabwärts auf einer Brücke über die Feldaist. Ab hier mit Nr. 170 flussaufwärts, zuerst am linken Ufer (Badeplatz), vorbei an den Ruinen der Burg Neuaist (Zugang: Hohlweg 200 m nach der Infotafel), dann hinauf zu einem Durchstieg zwischen den Felsen. Auf schattigem Waldpfad (NaturaTrail der »Naturfreunde«) weiter in stetem Auf und Ab hoch über dem rauschenden Fluss, dann wieder direkt am steinigen Flussbett durchs malerische Tal. Felsen im Fluss locken zu einem Sonnenbad, Kinder planschen gern im sauberen Wasser, an schönen Rastplätzen ist kein Mangel. Auf dem Jahnsteg über den Fluss und empor zur ehemaligen **Notmühle** (Hinweistafel über die Sage vom Jungfernsprung). Bei der **Klausmühle** (mit Keramikatelier) auf der Asphaltzufahrt im Tal weiter zur eindrucksvollen **Teufelsmauer**. Bald danach unter der großen Brücke der Pregartner Umfahrung durch zur Ortstafel und östlich zurück zum **Bahnhof Pregarten** ❶.

↗ 280 m | ↘ 280 m | 13.5 km
3.45 h

30 Zwischen Feldaist und Waldaist

Zur Schlossruine Reichenstein im Tal der Schwarzen Aist

Von Pregarten über der Feldaist wandern wir ins einsame Waldaisttal zu den Resten einer einst sehr bedeutenden, auch heute noch sehenswerten Burgruine mit interessantem Burgmuseum und lernen zum Schluss noch ein landschaftlich wunderschönes Teilstück des Naturfreundewegs im Feldaisttal kennen.

Ausgangspunkt: Pregarten, 425 m (Navi: A 4230 Pregarten, Stadtplatz). Ab Linz-Urfahr wie bei Tour 29, vom Bahnhof Richtung Ortsmitte; Parken in Kirchennähe bzw. beim Bhf. Per Bahn ab Linz-Hauptbhf. Richtung Freistadt (vom Bhf. ca. 750 m zum Start bei der Pfarrkirche östl. vom Stadtplatz).
Anforderungen: Unschwierige, wenig anstrengende, landschaftlich schöne Rundwanderung; kurz Asphalt; durchgehend bez.
Einkehr: In Pregarten und Reichenstein; Ghf. Sandgrube; Variante: in Hagenberg.
Variante: Abstecher nach Hagenberg (sehenswertes Schloss mit Schlosskirche, Softwarepark): ab Kumpfmühle (Aistbrücke) auf dem Hagenbergrundweg Nr. 49; zurück auf Weg Nr. 46 über den Stöcklgraben ins Aisttal (ca. 2 km/ ½ Std. länger, 60 Hm mehr).
Tipp: Die Kombination mit der Tour 29 ergibt eine schöne, ausgiebige Tagestour.

Vom Marktplatz bzw. von der Pfarrkirche in **Pregarten** ❶ durch die Peyerlstraße und auf dem Güterweg Greising ins Bachtal zum Sportzentrum mit dem Ghf. Zur Sandgrube. Nach der Bachbrücke, 374 m, links ab, mit Nr. 7, 8 zum **Bodingbauer** (P. 445) und zum Hof **Kreppenhofer**; dahinter geradeaus weiter, vorbei an einer Kapelle (P. 453), in den Wald. Nach dem Gmeinerhof steil bergab in ein Bachtal und in ihm rechts hinaus (Nr. 150A) zur Waldaist, über der die mächtige **Burgruine Reichenstein** mit interessantem **Burgmuseum** ❷ thront (in der kleinen Ortschaft, 348 m, Ghf. Schlosstaverne). Nun ein Stück zurück bis zu jener Stelle, wo wir das Bachtal erreicht haben. Hier auf Weg Nr. 150A (Variante des Mühlviertler Mittellandwegs) talaufwärts und nicht auf den Güterweg Gaisruckdorf, sondern links weiter im Tal hinauf. Zuerst auf einem Forstweg, dann nach einer Wegkreuzung links

Burgruine Reichenstein.

in einem Seitental auf einem Steig im Wald aufwärts zu einem weiteren Forstweg und auf ihm in **Hainberg** zu den ersten Häusern, 515 m. Geradeaus auf der Zufahrt zum Güterweg, rechts Richtung Kriechmayrdorf und bei einer Gabelung mit Kapelle links auf dem Güterweg Ramel bergab. Bald links auf einen Wiesenweg und zur Straße Richtung Kefermarkt; diese queren und auf dem Güterweg Mahrersdorf hinab zur **Feldaist** bei der **Wintermühle** ❸, 420 m. Unmittelbar hinter der Bahnstrecke Richtung Freistadt verlassen wir Weg Nr. 150A und wandern auf Weg Nr. 170 der Naturfreunde im Feldaisttal talaus weiter. Nach kurzem Stück parallel zur Bahnlinie zweigt Weg Nr. 170 rechts ab und leitet im romantischen Tal zur **Kumpfmühle**, 411 m (rechts über die Aistbrücke Abstecher nach Hagenberg, s. o.). Im Aisttal weiter am linken Ufer, bis wir den Fluss bei einer Brücke queren (Einmündung der Hagenbergvariante). Zum **Bahnhof Pregarten** wandert man mit Nr. 170 über die **Bruckmühle** rechts bergan. Um ins Zentrum von **Pregarten** ❶ zu gelangen, geht man an der **Ledermühle** über die zweite Brücke flussabwärts. Direkt beim Mühlengebäude zweigt vor einem Keller ein kleiner Fußsteig ab, der in südöstlicher Richtung hinauf zur Bahnstrecke zieht. Diese queren, auf Ortswegen zum Stadtplatz und über ihn zum Ausgangspunkt.

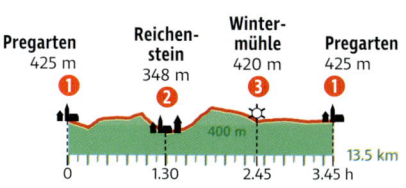

TOP 31 — Am Pferdeeisenbahn-Wanderweg

↗ 20 m | ↘ 320 m | 10.9 km | 2.45 h

Unterwegs im Tal der Kleinen Gusen

Die Trasse der ersten Schienenbahn auf dem europäischen Kontinent wurde zu einem Wanderweg ausgebaut, auf dem man Interessantes über diese technische Meisterleistung des 19. Jahrhunderts erfährt. Das eindrucksvollste Teilstück ist der hier beschriebene Abschnitt durchs Tal der Kleinen Gusen.

Ausgangspunkt: Neumarkt im Mühlkreis, 632 m (Navi: A-4212 Neumarkt im Mühlkreis, Marktplatz 1). Ab Linz-Urfahr über die A 7 und S 10 bis Abfahrt Neumarkt im Mühlkreis; Parken beim Friedhof oder im Ort. Bus ab Linz-Urfahr.
Endpunkt: Unterweitersdorf, 333 m, an der B 125. Rückfahrt nach Neumarkt oder Urfahr per Bus.
Anforderungen: Kurze Streckenwanderung (Halbtagestour); gute Wege und Pfade, fast kein Asphalt, ständig bergab, meist schattig, für Kinder gut geeignet (interessante Informationstafeln); durchgehend gelb (Tafeln) bez.
Einkehr: In Neumarkt und Unterweitersdorf; Kratschmayrs Fischerhütte (Wochenende und feiertags offen); Jst. Pferdebahnstüberl (Fr ab 11 Uhr, Sa–So ab 10 Uhr, Mo ab 14 Uhr).
Tipp: Details und weitere Informationen zu der Etappe der Pferdeeisenbahn unter https://www.neumarkt-muehlkreis.ooe.gv.at/Pferdeeisenbahn.

Vom Friedhof in **Neumarkt** ❶ auf dem Güterweg Haghofer talwärts (gelbe Tafeln, Mark. zusätzlich N3). Bei der ersten Rechtskurve gerade über eine Wiese zum unterhalb sichtbaren Feldweg, der links talwärts weiterzieht. Nach 500 m erreichen wir beim Wachthaus Nr. 38, 515 m, das Tal der Kleinen Gusen. Der obere Weg nach links verläuft über die Originalbahntrasse,

Ein Wachthaus der Pferdeeisenbahn im Gusental.

bald tief in den Hang einschneidend (Stützmauern). Wir wandern auf ihr über dem Tal (orografisch links) parallel zum Fluss talauswärts. Bei der **Stroblmühle** ❷, 482 m, rechts über einen Zufluss und auf dem schönen Weg entlang der Gusen, vorbei am renovierten Wachthaus Nr. 39; hinter diesem nach kurzem Anstieg wieder leicht fallend zur **Schermühle** ❸, 456 m, und über den Fluss. Nun stets rechtsufrig weiter. Von rechts stößt der Mittellandweg Nr. 150 hinzu, gleich danach erreichen wir einen schönen Picknickplatz. Über einen Naturweg durchs engste Talstück, vorbei an den Felsen der Teufelskirche (rechts oben, Abzweig bez., ¼ Std.). Eine in die Felswand gemeißelte Inschrift berichtet vom Bahnbau in dieser Engstelle im Jahr 1831. Meist hoch über dem rauschenden Fluss weiter zur Brücke nach **Pfaffendorf**, wo Weg Nr. 150 nach links das Tal verlässt (Abzweig zu Kratschis Fischerhütte, Jst.). Kurz ansteigend geradeaus, über einen Seitengraben und rechts zu einem Haus, wo der breite Weg

zum schmalen Pfad und später zum schönen, leicht fallenden Waldweg hoch über dem Tal wird (mehrfach hohe Stützmauern). Im Rechtsbogen weit ins einmündende **Bürstenbachtal**, das auf einer Straßenbrücke überquert wird (dahinter im Wachthaus Nr. 41 die Jst. Pferdebahnstüberl, 380 m). Auf der Naturstraße links, vorbei am Steinbruch des Bahnbaus, hinaus ins Haupttal und rechts an dessen Hang in Windungen (Viadukte) talaus. Nach einer Brücke über einen Seitengraben (Ortstafel **Bergen**) links zum Ortsschild Unterweitersdorf, vor dem wir die Straße links auf einem Wiesenweg hinunter zum Fluss verlassen. Diesen überqueren, anschließend rechts und, sich stets rechts haltend, nach **Unterweitersdorf** ❹, Bushaltestelle bei der Gusenbrücke.

↗ 660 m | ↘ 660 m | 20.5 km

32 Schlösser, Burgen, Gipfelhütte und Aussichtsturm

6.00 h

Vom Kunstort an der Gotikstraße zum Braunberg

Fast alpine Höhendimension erreicht die vom Feldaisttal ausgehende Rundwanderung zur Braunberghütte. Kulturschätze, eine unberührte Landschaft und die herrliche Aussicht entschädigen für die Aufstiegsmühen zur einzigen bewirtschafteten Alpenvereinshütte des unteren Mühlviertels.

Ausgangspunkt: Kefermarkt, 516 m (Navi: A-4292 Kefermarkt, Oberer Markt 1). Ab Linz-Urfahr über die A 7 und S 10 bis zur Abfahrt Kefermarkt, dann noch 5 km rechts nach Osten. Per Bahn ab Linz-Hauptbhf. Richtung Freistadt, vom Bhf. 10 Min. zum Start an der Pfarrkirche.
Anforderungen: Lange Rundwanderung,; großer Höhenunterschied, schöne, durchgehend gut bez. Wege, einige Teilstrecken auf Asphalt.
Einkehr: Gaststätten in Kefermarkt und Lasberg; Schlossghf. Weinberg; Braunberghütte.
Varianten: Ab Bhf. Kefermarkt auf dem Naturfreundeweg Nr. 170 entlang der Feldaist 2,2 km aufwärts bis zur Bahn-Hst. Lasberg-St. Oswald (auch alternativer Start), dann 1 km auf bez. »Meditationsweg« zur Ruine Dornach (insgesamt 1 km kürzer); wer die Tour weiter kürzen möchte, kommt von Lasberg auf bez. Weg in ¾ Std. direkt zum Buchberg (2 Std. und 320 Hm Anstieg weniger).

Von der Pfarrkirche in **Kefermarkt** ❶ links über die Siedlung Kirchenfeld steil hinauf zum **Schloss Weinberg** ❷, 550 m (Ghf. mit Schlossbrauerei, 10 Min.). Bei einem Tiergatter links (Nr. 170/LA10) ins Tal, bald vom Weg Nr. 170 ab und links bergan, vorbei an einem verlassenen Hof, 641 m. Bei einem Pfeil links

Das Renaissanceschloss Weinberg bei Kefermarkt, heute Landesbildungs- und Musikzentrum.

leicht bergab Richtung Dornach (LA10 führt hier direkt nach Lasberg). Auf dem Feldweg (LA5, 8, 9) nach **Siegelsdorf**, 555 m, und nach dem ersten Haus rechts ab (K37). Wir wenden uns rechts zur Ortstafel und kommen durch Wald, uns immer rechts haltend, zur **Ruine Dornach** ❸, 530 m. Weiter mit LA1 in 20 Min., zuletzt auf Güterwegen, direkt nach **Lasberg** ❹, 574m, und auf der Straße Richtung St. Oswald zum Ortsende; kurz vor diesem rechts auf den Güterweg Grensberg (LA7) und vor dem Waldrand links auf den Güterweg Pilgersdorf. Nach einer Bachquerung, 564 m, rechts empor und, den Asphalt rechts verlassend, gerade über einen Feldweg nach Harau. Hier erst auf einem Güterweg bergan, dann links zu einem Bauernhof mit Marienkapelle und durch Wald in mehreren Kehren hinauf zur **Braunberghütte** ❺, 902 m. Auf Weg Nr. 170 südwärts hinab, am Gestüt Vornholz, 732 m, vorbei und auf dem Güterweg am Grensberghang weiter. Links auf eine Zufahrt und nach einem Hof weiter unten zum Bach. Sich rechts haltend über eine Furt, 590 m, und durch Wald und Wiesen auf den **Buchberg** ❻, 813 m, **Aussichtswarte Hoh-Haus**. Während Nr. 170 via Weinberg nach Kefermarkt (1 Std.) führt, wählen wir den 1 km längeren Weg LA8 über Elz. Beim Bauernhof am Waldrand auf den Güterweg, 715 m, nach 50 m links ab, auf Feld- und Waldwegen über eine Anhöhe, 745 m, und nach einem Wasserbehälter nach **Elz** ❼. Rechts über die Dorfstraße, vorbei an der schmucken Dorfkapelle, 668 m, zum letzten Haus. Dahinter biegen wir bei einem Transformator links auf einen Feldweg (K31, BSW), halten uns rechts und kurz nach einem Bildstock mit Bank links Richtung Wald. Bergab über ein Bächlein und nach kurzem Anstieg parallel zur Straße nach **Kefermarkt** ❶ – K 31, 33, 34, 35. Nach einer Rechtskurve über die erste Ortsstraße rechts zur Kirche.

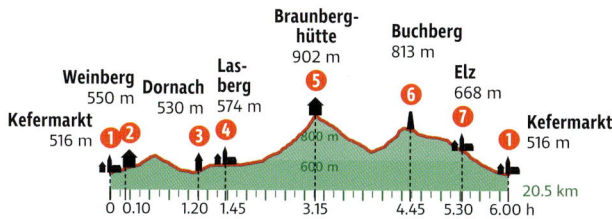

↗ 380 m | ↘ 380 m | 14.5 km

33 Von der Wallfahrtskapelle zur Braunberghütte

3.45 h

Zur einzigen Alpenvereinshütte im östlichen Mühlviertel

Diese Wanderung mit prachtvoller Aussicht, bei der wir ein Stück des bekannten Nordwaldkammwegs (NWK) und das einzige Alpenvereinsschutzhaus im östlichen Mühlviertel kennenlernen, führt uns vom Wallfahrtskircherl zur markanten Erhebung des unteren Mühlviertels, dem Braunberg.

Ausgangspunkt: St. Oswald bei Freistadt, 608 m (Navi: A-4271 St. Oswald bei Freistadt, Markt 1). Ab Linz-Urfahr über die A 7 und S 10 bis zur Abfahrt St. Oswald, dann auf der L 1421 über Lasberg; Parken im Ort. Busverbindung ab Linz bzw. Freistadt.
Anforderungen: Rundwanderung auf Wald-/Wiesenwegen; teils auf Asphalt.
Einkehr: St. Oswald; Ghf. Maria Bründl; Braunberghütte (AV-Sektion Freistadt, bew. 1. April bis 31. Oktober, Di.–Fr. 10–22 Uhr, Sa.–So. 9–22 Uhr); Ghf. Holzmühle; Jst. Freilichtmuseum Ledermühle (Mai– Okt., So./feiertags nachmittags).
Variante: Abstieg vom Braunberg auch auf dem Weg O6 (rot) möglich: vom Braunberg erst westl., dann südl. in ca. ¾ Std. zurück nach St. Oswald (Verkürzung um ca. 1½ Std.).

Von der imposanten Pfarrkirche in **St. Oswald bei Freistadt** ❶ am westlichen (unteren) Ortsplatzende begleitet uns ein kurzes Stück über die Feistritz die blaue NWK-Markierung 105, die beim Zufahrtsweg Köhlerbauer nach rechts abbiegt. Wir folgen der Straße »Zum Braunberg« geradeaus zur Markierung O3 (rot). Entlang des Golfplatzes nun erst über Wiesen, dann durch Wald auf dem Kreuzweg bergan. Über ein Brückerl erreichen wir die Wallfahrtskirche **Mariä Bründl im Exenholz** ❷, 726 m. Eine kühle Quelle mit heilkräftigem Wasser stillt den Durst, die Kirche ist liebevoll renoviert. Wir folgen dem Josefsteig (O3) nach Westen, erst noch parallel zur Straße Richtung Gutau, dann mäßig steil durch den Wald am Großen Stiftungsberg entlang und bald südwärts. Nach einer Bach- und einer Straßenüberquerung steiler bergauf und rechts auf einem Güterweg nach Oberreitern, 805 m; hier wieder mit der blauen Kammwegmarkierung links bergauf zur **Braunberghütte** ❸, 902 m. Nr. 105 (NWK, zugleich O6) begleitet uns weiter nach Osten in den Wald, rechts führt ein kurzer Abstecher zum Gipfelkreuz, 912 m. Nach einem gemütlichen Waldweg über die Wiesen südostwärts nach **Witzelsberg**, 849 m. Wir wenden uns nach links und gehen auf dem

Die Braunberghütte der Alpenvereinssektion Freistadt.

Güterweg bis **Stiftungsberg** ❹, 825 m, wo der Weg vor der Kapelle nach links und noch in der Ortschaft wieder nach rechts abbiegt, kommen wir zur Gutauer Straße. Auf ihr ein Stück nach links, kurz danach von ihr rechts weg, über den Steinbach, 798 m, und auf einem Güterweg zur **Raphaelshöhe**, 886 m.

Nach dem Asphaltstück zieht unsere Route erst rechts weiter durch ein Waldstück, dann nach einer aufgeforsteten Wiese links auf das Exenholz zu und durch dieses, rechts vorbei an der Hackerhöhe, gemächlich bergab zur Ortschaft **Holzmühle** ❺, 795 m. Hier verlassen wir die NWK-Markierung und folgen ca. 450 m der Straße Richtung St. Oswald links bergab. Dann nach rechts, auf einem Waldweg dem **Heidbach** folgend, nach **St. Oswald** ❶ – O1, O7, rot. Beim ersten Parkplatz in St. Oswald links zur Bachpromenade und vorbei am Freilichtmuseum Ledermühle und über den interessant gestalteten Weg zurück ins Ortszentrum.

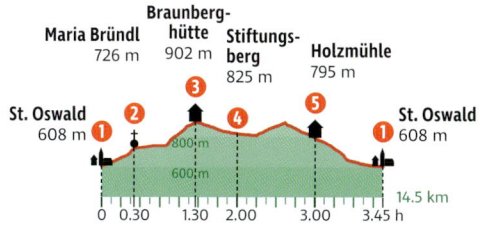

↗ 330 m | ↘ 330 m | 17.3 km

34 Kulturwanderweg »Gewerbe am Fluss« im Thurytal

4.30 h

🚌 ✕ 👫

Romantisches Waldtal nahe dem »oberösterreichischen Rothenburg«

Die familienfreundliche Wanderung mit Start und Ziel in Freistadt (wegen seiner erhaltenen Stadtbefestigung gern mit Rothenburg ob der Tauber verglichen) führt auf einem lehrreichen Wanderweg durchs stille obere Feldaisttal und bietet auf den Höhen rund um Grünbach prächtige Ausblicke auf den nördlichen Teil der »bucklige Welt«

Ausgangspunkt: Freistadt, 560 m (Navi: A 4240 Freistadt, Hauptplatz). Ab Linz-Urfahr auf der A 7 und S 10 bis zum Kreisverkehr am Schnellstraßenende, dann auf B 125 nach Freistadt; Parken beim Böhmertor (Stadtplatz werktags Kurzparkzone). Bus ab Linz; Bahn ab Linz-Hauptbhf., vom 3,5 km entfernten Bhf. per Bus in die Stadt.
Anforderungen: Unschwierige Rundwanderung; schöne Wege, nur kurz Asphalt; meist bez., gute Beschilderung erleichtert die Orientierung.
Einkehr: Pizzeria (ehemaliger Grabenwirt) im Feldaisttal und Gaststätten in Freistadt.

Durch das Böhmertor verlassen wir **Freistadt** ❶, biegen rechts ab, überqueren die Feldaist und folgen ihr unmittelbar nach der Brücke links gut 1 km flussaufwärts. Unter der mächtigen **Brücke der S 10 bei einer Pizzeria** ❷, 571 m, queren wir die Bundesstraße und gelangen auf dem Wanderweg »Gewerbe am Fluss« an der Feldaist ins **Thurytal** (beschildert mit gelbem Mühlrad auf blauem Grund, Fr 11). Zahlreiche Tafeln informieren über die Schmiedetradition in diesem Tal (unterwegs ein Schauhammerwerk) und über seine Sagen, z. B. über den neben dem Weg emporragenden Teufelsfels (mit großer Teufelsgestalt aus Metall). Nach kurzem Anstieg in einer Serpentine bergab queren wir die Feldaist und erreichen auf einem Schotterweg die **Neumühle** (610 m, ehem. Ghf.). Hier kurz rückläufig auf Asphalt und gleich wieder scharf rechts (Fr 4, G 8) über den Kropfhammer

Der ehemalige Gasthof Neumühle.

erreichen wir die **Dornmühle** ❸, 630 m, verlassen den Gewerbeweg und folgen G8 nach rechts. Im Wald nach links auf Steig (Vorsicht bei Nässe!), bei einer kleinen Brücke dann nach rechts und mit der Markierung G 8 nach **Lichtenau** ❹, 703 m. Hier geradeaus, beim Feuerwehrdepot halten wir uns rechts (Güterweg Hackl) und wandern mäßig steil bergauf zu P. 784, wo wir die Straße nach Windhaag uns etwas nach links haltend, queren. Immer geradeaus weiter; beim Moserberg (867 m, rechts) biegen wir rechts auf eine Asphaltstraße (G2, Grünbach), verlassen diese aber bald bei einem Wasserhochbehälter. Geradeaus hinab nach **Grünbach bei Freistadt** ❺, 721 m. Links an der Kirche vorbei wieder auf G2 gerade hinunter ins Tal des **Grünbachs**, 680 m, und den **Kreuzberg bei Grünbach** hinauf (links von P. 721). Bei zwei Bildstöcken verlassen wir, knapp vor der Ortschaft Schlag, die Markierung G2, die links abbiegt, folgen der alten Straße Freistadt–Grünbach und wandern (unbez.) über Wiesen zum Wald. Durch ihn, kurzzeitig auf dem Güterweg Schlag, und geradeaus bergab zur Feldaist. Bei der **Pizzeria** ❷ wandern wir wieder mit den Markierungen in Richtung **Freistadt** ❶ und wie auf dem Hinweg in 20 Min. zurück ins Stadtzentrum.

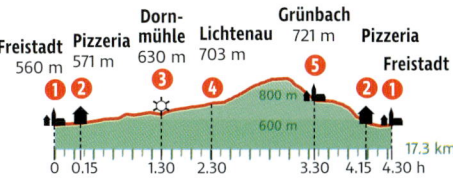

↗ 290 m | ↘ 290 m | 13.3 km

35 Denkmalreiche Runde bei Freistadt

3.15 h

Kunststätten und Pferdeeisenbahn-Erinnerungen

Die zweite Wanderung im Bereich der alten »freien Stadt« führt westlich auf die Anhöhe mit dem einmaligen Kirchenensemble von St. Peter, lässt ein Stück Pferdeeisenbahntrasse erleben und bietet einen schönen Waldspaziergang.

Ausgangspunkt: Freistadt, 560 m (vgl. Tour 34, Navi: A-4240 Freistadt, Hauptplatz).
Anforderungen: Unschwierige Rundwanderung; schöne Feld-/Waldwege, kurz auf Güterwegen; mittleres Teilstück unbez., sonst gut bez./besch.
Einkehr: Ghf. Brunngraber in St. Peter (Abstecher 5 Min. rechts); Variante über Bockau-Wirt (ab der Waldandacht, dann auf Ortsstraßen in die Stadt); in Freistadt.

In **Freistadt** ❶ westlich vom Stadtplatz über die B 310 (Promenade), dann mit der Nordwaldkammweg-Markierung (blau, Nr. 105) auf der St.-Peter-Straße weiter und am Beginn der Sonnbergstraße links auf den Kreuzweg. Nach kurzem Anstieg durch Wald liegen die zwei gotischen Kirchen von **St. Peter bei Freistadt** ❷, 698 m, malerisch vor uns. Hier nicht mit der lokalen Markierung Fr1 zur Waldandacht, sondern auf dem Kammweg 750 m südwärts (Waldburg, Gotikrunde). Kurz nach dem Hof Steinkellner nach rechts und im Rechtsbogen über einen Steig (Ausblick!), einen weiteren Güterweg (kurz links) queren und über einen Fahrweg (rechts) zu einer Hofzufahrt. Über sie rechts hinauf zum Hof **Lengauer** und dort links auf dem Fahrweg vorbei an einer Kapelle zur verkehrsreichen B 38; auf ihr rechts 300 m weiter (lohnender Abstecher auf dem links abbiegenden Kammweg zum Kronbachviadukt der Pferdeeisenbahn). Nach der Bahnbrücke rechts

Die beiden gotischen Kirchen von St. Peter bei Freistadt.

auf den Pferdeeisenbahn-Wanderweg (gelb bez.) und bald auf einem Güterweg in einem S unter der Bahnlinie nach Budweis durch ins Jaunitztal. Der Weg begleitet die Bahn in einiger Entfernung (die Pferdeeisenbahntrasse verläuft jenseits des Bachs), passiert einige Teiche und erreicht, dem Bach aufwärts folgend, die schön renovierte **Sonnmühle**, 584 m. Das folgende Wegstück ist unmarkiert. Wir verlassen den Pferdeeisenbahnweg rechts, überqueren auf zwei Brücken die Jaunitz und wandern rechts neben dem ehemaligen Mühlengebäude bergauf in den Wald. Mit einem Rechtsbogen zum Waldrand und über einen Feldweg nach **Sonnberg bei Freistadt** ❸, 679 m. Im Ort halten wir uns rechts. Nach Passieren eines Teichs (links) und eines Transformators (rechts) biegen wir links in eine Straße, die zu schmucken Häusern führt. Wir halten uns leicht rechts und kommen auf einem Weg zwischen zwei Wäldchen hindurch zum Wasserwanderweg Fr1 (rot; Infotafeln, schöner Blick auf Freistadt, St. Peter). Im Waldgebiet Bockau, 705 m, links ab (nordöstlich, zusätzlich bez. Fr 4) und zur **Waldandacht bei Freistadt** ❹, 655 m, mit Kreuz und Inschrift. Bei der Wegverzweigung mit Fr1 (linker Ast; rechts in wenigen Minuten zum Bockau-Wirt) südlich bergab zu zwei Teichen. Der nach rechts schwenkende Wasserwanderweg wird hier verlassen, es geht gerade über ein Bächlein, dann kurz bergan auf den **Kalvarienberg**, 620 m. Auf dem Kreuzweg hinab in die Böhmervorstadt und über die Kalvarienbergstraße zurück zum Ausgangspunkt in **Freistadt** ❶.

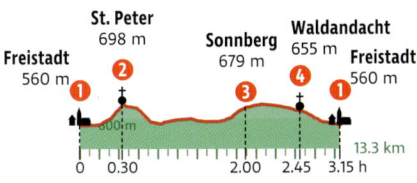

↗ 240 m | ↘ 240 m | 25.3 km

36 Auf den Spuren der Pferdeeisenbahn

6.15 h

Technische Denkmäler an der Kontinentalwasserscheide

Diese lange, wenig Steigung, aber viel Aussicht bietende Tour durch die einsame, waldreiche Landschaft an der Wasserscheide zwischen Moldau und Donau macht den Wanderer mit einem Stück Pferdeeisenbahntrasse bekannt, an dem noch viele Kunstbauten erhalten sind.

Ausgangspunkt: Rainbach im Mühlkreis, 719 m (Navi: A-4261 Rainbach im Mühlkreis, Marktplatz 6). Ab Linz-Urfahr über die A 7 und S 10 bis Ende der Schnellstraße, dann auf der B 310 über Freistadt; Parken im Ort. Busse ab Linz und Freistadt.
Anforderungen: Lange Rundwanderung; wenige kurze Anstiege, schöne Wege, kurz auf Asphalt, durchgehend bez./besch.
Einkehr: In Rainbach, Kerschbaum, Leopoldschlag Dorf, Leopoldschlag Markt.
Varianten: Von Leopoldschlag Dorf nicht westl. nach Edlbruck, sondern direkt nördl. nach Hiltschen (gelb bez., ¾ Std. kürzer, ggf. Abstecher, 500 m links, zur Mariä-Schnee-Kirche); Start auch in Kerschbaum möglich, dann ab Unterpaßberg-Schiffmühle 2,2 km Straße zurück nach Kerschbaum (insgesamt 5 Std., 19,5 km).

Von der Summerauerstraße 100 m außerhalb des Zentrums von **Rainbach/Mkr.** ❶ mit R11 rechts (nordwärts). Über einen Feldweg längs der Straße Richtung Deutsch-Hörschlag zum Pferdeeisenbahn-Wanderweg (gelb), der rechts durch Wiesen zum Wald zieht, dort der einstigen Trasse folgt, rechts abbiegt und auf einem Feldweg zum früheren Scheitelbahnhof **Kerschbaum** ❷, 706 m, führt. Hier wurden Gleise über ein kurzes Stück neu verlegt. Wir verfolgen sie bis zur Dorfstraße; dort links und gleich wieder rechts zwischen Bauernhäusern bergan. Gelb markiert zu zwei Teichen, dann auf der Bahntrasse in den Wald. Nach ei-

Museumswagen der Pferdeeisenbahnstation Kerschbaum.

nem Rechtsbogen und einem Viadukt scharf rechts und, bei einem Rastplatz, 708 m, zur B 310; diese queren und auf der Straße Richtung Leopoldschlag weiter. Vor dem ersten Haus von Edlbach (ehem. Wachthaus Nr. 24, daneben Stationsgebäude Pramhöf) auf dem Feldweg (gelb) links Richtung Wald. Beim Wachthaus Nr. 23 ist rechts der Turm der böhmischen Wallfahrtskirche Mariä Schnee zu sehen (links das österreichische Gegenstück). Über Wiesen nach **Leopoldschlag Dorf** ❸, 700 m, und auf der Dorfstraße links (westlich) steil bergan. Erneut über die B 310, 745 m, und auf einem Feldweg rechts hinab zu zwei Bahnbrücken in **Edlbruck**; dort auf dem Güterweg rechts nach **Eisenhut**, 670 m (Grenzübergang nach Böhmen). Kurz nach den Bauernhäusern rechts ab (im Wald Brückenreste), unter der B 310 durch und nach **Hiltschen** ❹, 675 m. Wir verlassen den Pferdeeisenbahnweg, folgen rechts 200 m dem Güterweg (L4) und biegen rechts auf Weg L8. Im Linksbogen bergab zurück zum Güterweg. Auf ihm zuerst rechts, beim nächsten Abzweig links und nach 120 m wieder rechts zum Grenzfluss **Maltsch**. Auf dem Töpfer-Mühlen-Weg (GK/L7) flussaufwärts nach **Leopoldschlag Markt** ❺, 630 m. Im Ort rechts auf der Straße zum Güterweg Leopoldschläger Berg und über diesen links bergan (L1) nach **Pramhöf** ❻, 730 m. Einen Güterweg queren und mit L10 bis **Unterpaßberg** ❼, 677 m. Weiter auf dem Güterweg Schiffmühle (R8) über die hier noch winzige Feldaist in den Wald. Kurz vor dem Waldende rechts ab, über die Feldaist und auf den langen **Paßberger Steg**, 671 m. Nach Waldende auf einem Feldweg, dann auf dem rechts abbiegenden Steig (R8) hinauf nach **Rainbach** ❶.

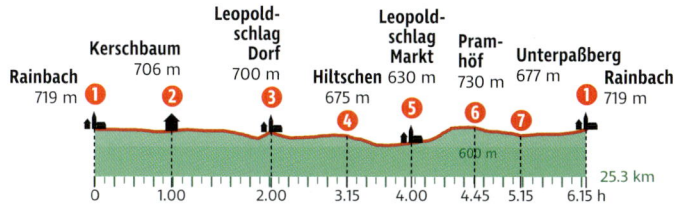

↗ 240 m | ↘ 240 m | 10.9 km

37 Im Freiwaldgebiet zur böhmischen Grenze

3.00 h

Grenzüberschreitende Tour von Windhaag zur Maltsch

Vom Ort, in dem Anton Bruckner Schulgehilfe war, führt diese Wanderung durch ein großes Bauerndorf zum Grenzfluss Maltsch, dessen Wasserkraft einst von Mühlen und Hammerwerken genutzt wurde. Im abgelegenen Grenzgebiet lässt sich noch heute etwas von der Situation an der einst toten Grenze am Eisernen Vorhang erahnen. Dann gelangt man über eine neue Brücke auf tschechisches Gebiet zum 1957 außer der Kirche abgerissenen böhmischen Ort Zettwing/Četviny. Auf reizvollem Weg geht es entlang der Maltsch über eine weitere Grenzbrücke zurück nach Windhaag. Eine familientaugliche Wanderung mit interessantem Abstecher zu den Nachbarn.

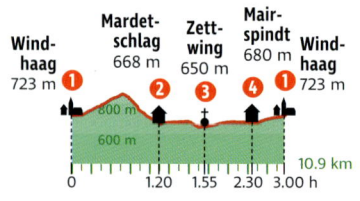

Die renovierte Kirche des verschwundenen Orts Zettwing (Četviny).

Ausgangspunkt: Windhaag bei Freistadt, 723 m (Navi: A-4263 Windhaag bei Freistadt). Ab Linz-Urfahr über die A 7 und S 10, dann auf der B 310 bis Rainbach/Mkr., dort 9 km rechts (NO); Parken im Ortszentrum. Bus ab Linz, Freistadt.
Anforderungen: Rundtour; wenig anstrengend, kaum Asphalt, gut bez. (am Anfang und Ende blaue Markierung des Nordwaldkammwegs, auch mit tschechischer Beschriftung).
Hinweis: Grenzübergänge für EU-Bürger (Fußgänger, Radfahrer) 1.4.–31.11.: 8–20 Uhr, 1.12.–31.3.: 8–18 Uhr, Reisepass oder Personalausweis mitnehmen!
Einkehr: Ghf.e in Windhaag, Ghf. »Zum Waldlehrpfad« in Pieberschlag, Ghf. Pammer in Mardetschlag, Jst. in Mairspindt.
Variante: Wer nicht auf böhmisches Gebiet möchte, geht in Hammern auf der Straße rechts ca. 1 km bis zur Tafel »Gemeindegrenze Windhaag«, biegt hier rechts auf einen Waldweg, dann gleich wieder links über ein Bächlein auf den parallel zur Straße bergan ziehenden Weg (unbez., z. T. Reste alter Bez.), stets gerade bis zu einem von links kommenden Forstweg, rechts hinauf zur Mardetschläger Straße, auf dem ersten von ihr abzweigenden Feldweg links, bei einer Gabelung rechts auf einem Wiesenweg hinab nach Windhaag (ca. 1 km kürzer, geringfügig mehr Anstiege).

Vom Ortsplatz in **Windhaag bei Freistadt** ❶ vorbei an der Anton-Bruckner-Schule, auf der Straße talwärts; bei einer Brücke über den Felberbach links auf die Mardetschläger Straße (Markierung NWK, neue Nordvariante des Nordwaldkammwegs), dann rechts die zweite Ortstraße steil bergan durch eine Siedlung, dahinter gerade weiter auf eine Anhöhe wieder zur Mardetschläger Straße. Jetzt links bergan (Güterweg) nach Pieberschlag mit dem im Freiwald am Reisingerberg angelegten Waldlehrpfad (Ghf., 805 m). Nun asphaltlos auf einem Forstweg über eine

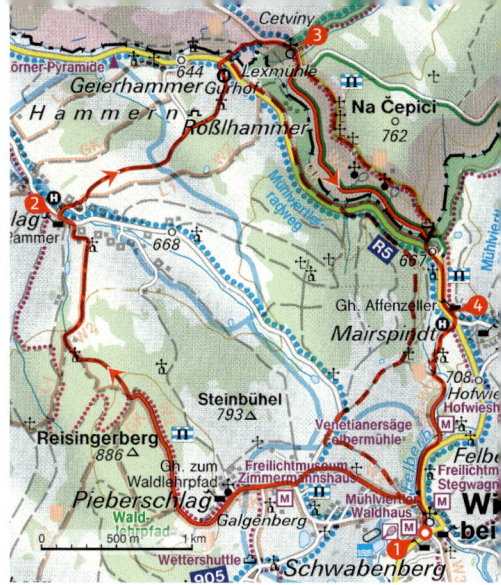

Anhöhe (850 m) zu einer Holzhütte, an ihr links vorbei, steil bergab im Wald zu einer Kapelle (links Einmündung des bez. Wegs von Pramhöf) und über Wiesen nach **Mardetschlag** ❷, 668 m. Hier wird die NWK-Markierung nach rechts verlassen, der Mardesbach überquert, die Markierung L1/gelb zieht über eine Wiesenkuppe und durch ein Waldstück zur Leopoldschläger Straße in Hammern, 655 m. Auf ihr zur Lexmühle und rechts auf neuem Fußgängersteg über die Maltsch (in der alten Zöllnerhütte kleines Zollmuseum, Schlüssel in der Lexmühle). Vorbei am böhmischen Zollgebäude, nach der Zufahrt auf der Straße rechts, erreicht man die Kirche des einst über 100 Häuser großen Städtchens **Zettwing/Četviny** ❸, 650 m. Hier führt der Weg »Gewerbe am Fluss« (bez.: blau mit gelbem Mühlrad) gerade weiter, dann mit Rechtsbiegung hinab zur Maltsch und an dieser entlang flussabwärts (besch. Alternativroute: geradeaus, SO, über den Kreuzweg/Krížová cesta, am Hang des Berges Na Čepici kurz bergan, vorbei an Pfarr- und Grottenkapelle, dann hinab zum Fluss). Beide Routen treffen sich nach ca. 2 km bei der restaurierten alten Steinbrücke über die Maltsch, 667 m (Gedenkstein für einen 1938 irrtümlich erschossenen Zollgehilfen). Zurück in Österreich weist wieder die NWK-Markierung auf der Straße links, vorbei am alten Zollhaus, in Richtung **Mairspindt** ❹ – Jausenstation links oberhalb. Hier rechts ab zum Felberbach, an ihm entlang über die Hofwies bis zur Felbermühle, danach rechts auf der Straße in 600 m zurück zum Ausgangsort **Windhaag** ❶.

↗ 190 m | ↘ 190 m | 10.5 km
2.45 h

38 Zum Ursprung der Feldaist

Vom hoch gelegenen Gotik-Schatzkästlein durch stille Waldgebiete

Von der Filialkirche St. Michael mit prächtigem gotischem Flügelaltar führt die abwechslungsreiche Runde durchs Quellgebiet der Feldaist über die Kontinentalwasserscheide an den zur Moldau fließenden Hängerbach.

Ausgangspunkt: St. Michael bei Oberrauchenödt, 918 m (Navi: A-4264 St. Michael). Ab Linz-Urfahr auf der A 7 und S 19 bis Abfahrt Sandl, von hier auf der B 38 bis Oberrauchenödt; dort Wegweiser links zur Kirche (Parkplatz). Busverbindung ab Linz.
Anforderungen: Kurze Rundwanderung; meist schöne Wege und schmale, steile, z. T. auch verwachsene Pfade, wenig Asphalt; bis Heinrichsschlag unbez., dann alte, nicht aufgefrischte Markierung, teils mangelhaft und verwirrend (Neu-Beschilderung ist geplant), ab Posthöf bis auf ein kurzes Stück bez./besch., etwas Orientierungsvermögen nötig.
Einkehr: Ghf. in Oberrauchenödt; Ghf. Forellenwirt in Mitterbach (Abstecher).
Variante: Empfehlenswerte Erweiterung der Runde auf dem besch. »Panoramaweg«: am Rückweg bei der B 38 diese queren, ein Stück mit G4 auf dem Güterweg Fünfling (S), dann rechts (W) zum Hussenstein, weiter auf G4 mit herrlichem Panoramablick nach Oberrauchenödt und die B 38 erneut querend hinauf nach St. Michael (zusätzlich ca. 5,5 km bzw. 1½ Std., 240 Hm Anstieg).

Vom Parkplatz nahe der Kirche **St. Michael** ❶ bei einem Bildstock auf einem Wiesenweg (NW, unbez., Tafel »Privatweg«, in Gegenrichtung des Wegweisers nach Sandl), zwei Wege überquerend, zu einem Waldeck und mit Rechtsbogen einem weiteren Wald zu. An ihm entlang, dann rechts bergab zur jungen **Feldaist** und, sie überquerend, nach **Heinrichsschlag** ❷, 810 m. Hier links auf den Güterweg, nach Haus Nr. 23 (rechts) auf steiler Zufahrt rechts bergan und nach einem Linksbogen bei einer Wegteilung auf dem mittleren von drei Wegen entlang einer Gebüschreihe hinauf zur **Hubertuskapelle** (alte Bezeichnung G6/W3, nicht aufgefrischt); weiter auf einer durch Wegbauten etwas komplizierten Route durch den Wald uns geradeaus haltend Richtung Norden bis wir zu einen quer laufenden Weg (gelbe Hinweistafel: kurzer Abstecher zu keltischen Opferschalen) gelangen. Hier nun nach rechts und dann auf grasigem Weg links zum Waldrand. Nach einem kurzen Wiesenstück dann beim Wegweiser nach rechts entlang des Waldrandes

Das kleine Kirchlein St. Michael auf windumtoster Höhe in Oberrauchenödt.

und schließlich über Wiesen hinab zum **Hängerbach**, 740 m. Der Weg wendet sich kurz links Richtung Untere Leithenmühle (museales Denkmal), schwenkt aber noch vor dem Bach rückläufig rechts, überquert einen Seitenbach und zieht in den Wald. Erst eben, einen Wegbogen abschneidend, dann kurz steil aufwärts und links aus dem Wald hinaus zur **Oberen Leithenmühle** hinab. Dort den Hängerbach überqueren und dahinter auf schmalem Pfad rechts (oberer Weg) hinauf zu den Häusern **Obere Posthöf ❸**, 785 m. Rechts auf den Güterweg und auf ihm 150 m weiter (W3). Vor dem ersten Haus rechts hinab zu Fischteichen (G1), dort über den Bach und im Wald links über einen Seitenbach. Kurz danach steil ansteigend über eine Forststraße und parallel zu dieser, links von ihr, auf etwas verwachsenem Waldweg hinauf zum ersten Haus von **Mitterbach**, 845 m (links auf dem Güterweg 1 km langer Abstecher zum Forellenwirt, G4/G2; von ihm mit gleicher Bez., nur 200 m länger). Auf der Zufahrt rechts, einen Güterweg queren und gerade hinan (unbez.) zur Kuppe am Waldrand, wo wir den Turm von St. Michael erblicken. Über Wiesen zum breiten Fahrweg, auf ihm links zu einem Güterweg (auf diesem rechts in 1 km nach St. Michael). Wir folgen diesem links 200 m bis zum **Hof Trenda ❹**, 880 m, in Mitterbach. Hier rechts in den Wald, wo man bald auf Bez. G4 stößt. Nun geradeaus (linker Ast; rechts Abstecher zum Feldaist-Ursprung möglich) weiter, mit einem Linksbogen zu einer Wegkreuzung im Wald, 908 m (Einmündung der Forellenwirt-Variante); rechts auf G2/G4 auf einem Forstweg hinaus zur B 38. Auf ihr 200 m rechts, dann weisen Zeichen (O4/O6) rechts auf einen breiten Feldweg. Auf ihm erst am Waldrand, dann rechts über Wiesen zurück bis zur Kirche **St. Michael ❶**.

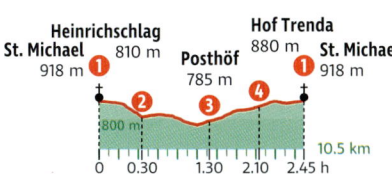

↗ 110 m | ↘ 110 m | 13.2 km

39 Durch den Freiwald im Nordosten des Mühlviertels

3.30 h

Durch schattige Forste über einen Grenzweg zum Badeteich

Diese Tour in den Kinskyschen Forsten bringt uns in den einsamsten, abgelegensten Teil des Mühlviertels, führt entlang der Staatsgrenze auf einem Grenzweg zu Tschechien und ist wegen der Höhenlage, des geringen Höhenunterschieds und der breiten, meist schattigen Waldwege eine auch im Sommer gut geeignete Wanderung, mit erfrischenden Badefreuden im Rosenhofteich.

Ausgangspunkt: Schloss Rosenhof bei Sandl, 932 m (Navi: A-4251 Rosenhof). Ab Linz-Urfahr auf der A 7 und S 10 bis Abfahrt Sandl, von hier auf der B 38 nach Sandl und noch 3 km weiter. Parken und Start am Imbissstand beim Schloss Rosenhof an der B 38 (bzw. Bushst.). Busverbindung ab Linz oder Freistadt Richtung Karlstift.
Anforderungen: Leichte Rundwanderung; keine großen Höhenunterschiede/Steigungen, am Anfang 750 m Bundesstraße, dann meist breite Forstwege im schattigen Wald (fast asphaltlos); bis auf ein kurzes Stück durchgehend bez. (teilweise dürftig, Markierung S13 nur in Gegenrichtung, Orientierung aber problemlos).
Einkehr: Imbissstand an der B 38; unterwegs keine; in Sandl.

Vom **Schloss Rosenhof** ❶ auf der B 38 nach Osten Richtung Karlstift. Wo die Straße eine leichte Linksbiegung macht (P. 941), auf der rechts abzweigenden Forststraße in gerader Richtung weiter und mit S13 (blau) 500 m bis zu einem Rechtsknick; kurz danach bei einer Wegkreuzung (Buche mit Hinterglasbild) nach links (S13). Wir folgen der spärlichen Markierung, queren ein Bächlein, gehen bei einer weiteren Kreuzung, 875 m, gerade weiter durch den **Guguwald** und kommen zu einer Schranke. Kurz danach links am Waldrand zur B 38 in **Schönberg** ❷, 907 m. Über die Straße in Richtung Bushaltestelle und dort, stets in nördlicher Richtung, auf dem Forstweg links Richtung Wald (unbez.). Bei einem Linksknick folgen wir dem rechts der Straße verlaufenden Forstzaun. Bei einem Gatter treffen wir auf S14 (blau, Hinweistafel nach Stadlberg), queren den **Grenzbach** und sind nun ein kurzes Stück in Niederösterreich.

Einst für die Scheiterschwemme, heute zum Baden: Rosenhofer Teich bei Sandl.

Bei der nächsten Wegkreuzung geradeaus zu einem Güterweg. Auf ihm leicht bergan, vorbei an einem Teich und zu einem Holzhaus. Dort stoßen wir auf die Markierung des Nordwaldkammwegs, 956 m (105, blau-weiß; ein Wegweiser zeigt rechts zur Gedenkkapelle der Heimatvertriebenen des jenseits der Grenze gelegenen Orts Buchers). Wir folgen dem Kammweg links (westlich) auf einem internationalen Fahrweg, in dessen Mitte die Staatsgrenze verläuft. Den Sepplberg rechts (nördlich) passierend zur **»Schanz«** am **Dreiländereck** ❸. Der Obelisk, 1661 vom Freiherrn Joachim von Windhag errichtet, zeigt die Wappen von Nieder- und Oberösterreich sowie von Böhmen.

Auf dem Kammweg weiter entlang der Grenze, leicht ansteigend in fast 1000 m Seehöhe durch ein Wildgatter und kurz darauf (P. 986) links (südlich) zu den **Rosenhofer Teichen**. Nun gibt es zwei Möglichkeiten: kurz vor dem Damm am Südende des oberen Teichs, 946 m, auf dem links abzweigenden Weg vorbei am unteren Teich (Bademöglichkeit) und südwärts zur B 38, oder, um etwas mehr vom Schloss zu sehen, geradeaus über den Damm zum Schlossareal und, den Kammweg links verlassend, vorbei am Hauptgebäude zum Ausgangspunkt ❶.

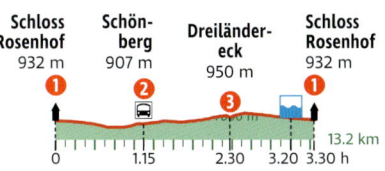

131

TOP 40 — Moorromantik im einsamen Freiwald

↗ 290 m | ↘ 290 m | 20.3 km
5.00 h

Vom höchstgelegenen Pfarrdorf Oberösterreichs zum größten Moorgebiet des Mühlviertels

Einen 1000-m-Berg mit Aussichtswarte, einen Moorbadeteich und ein großes, unter Naturschutz stehendes Moorgebiet berührt diese Runde von Liebenau aus – eine aufgrund des hoch gelegenen Ausgangspunkts für das Mühlviertel eher untypische, aber schöne und lehrreiche Tour ohne große Höhenunterschiede und Steilanstiege über die waldreiche Hochfläche.

Ausgangspunkt: Liebenau, 970 m (Navi: A-4252 Liebenau, Liebenau 1). Ab Linz-Urfahr auf der A 7 und S 10 bis Abfahrt Sandl, von hier auf der B 38 über Sandl bis zur Landesgrenze zu Niederösterreich und ab hier 10 km rechts (SO); Parken im Ortszentrum nahe der Pfarrkirche. Bus ab Linz oder Freistadt.
Anforderungen: Lange Rundwanderung; nur kurze, kaum steile Anstiege (mit Ausnahme des Aufstiegs zum Brockenberg), trotz der Länge wenig anstrengend; fast durchgehend bez. (im Bereich Brockenberg verwirrend, sonst gut, Nr. 605); schöne Wege, wenig Asphalt (vor/nach Neustift 2,5 km Güterwege).
Einkehr: In Liebenau (ÖAV-Vertragsghf., Kontrollstelle für Weitwanderwege); Imbissstand Moortreff beim Rubner Teich (April bis Ende Oktober 10–19 Uhr – bei Regen geschlossen) sowie in Neustift.

Vom Ortszentrum in **Liebenau** ❶ zuerst auf der Straße Richtung Freistadt, dann links auf den Güterweg Schöll (Nr. 33) und, vorbei am Schöllengut, rechts am Waldrand entlang. In einer großen S-Kurve links hinauf zur Warte auf dem **Brockenberg** ❷, 1053 m (Schlüssel in den Gasthäusern im Ort). Rechts am Sendemast vorbei auf Weg Nr. 33 im Bogen um den Brockenberg zur Straße nach Unterweißenbach. Diese queren und im Wald bei ei-

Aussichtsplattform im Tannermoor.

ner Kapelle links; nach ca. 150 m scharf rechts auf den Fernwanderweg 605 (Ostsee – Wachau – Adria – Ägäis). Vorbei am **Kohlerwagner** (der Hofname deutet auf die einst häufigen Köhlereien in diesem Waldgebiet hin) zur zuvor gekreuzten Straße, auf ihr kurz links, dann rechts und beim **Großweizner** erneut über sie. Wir bleiben auf dem Fernwanderweg und gelangen durch **Geierschlag** über Wiesen und durch Wald zum **Rubner Teich** ❸, 910 m (Badegelegenheit, Imbissstand), am Eingang zum Tannermoor. Links unter der **Schneidermauer**, 1010 m, vom Weitwanderweg ab und auf dem Moorrundweg ins **Tannermoor** mit vielen informativen Schautafeln. Der Weg biegt nach rechts (östlich) und wird zum Fahrweg. Wo der Moorrundweg am Rand des Moors vor dem **Roggnerbach** scharf nach rechts (südlich) abbiegt, wandern wir auf dem breiteren Fahrweg (O, unbez.) geradeaus leicht bergan zur Straße, 950 m; auf ihr rechts bis **Neustift bei Liebenau** ❹, 918 m. Nach den ersten Häusern links auf den Güterweg Neustift und links auf den Zufahrtsweg **Reiterholl** (Asphaltende). Es geht mäßig steil stets auf Weg Nr. 37 zuerst über den **Kienaubach**, 885 m, dann knapp unter dem **Lehnerberg** ❺, 946 m, nördlich vorbei. Nach einem kleinen Bach, 875 m, auch den **Schöpflberg** ❻, 923 m, links liegen lassen. In **Reitern** treffen wir auf ein kurzes Stück Güterweg. Zuerst nach rechts, etwas bergab und bei einem Transformator links in den Wald. Südlich des Wachtsteins, 960 m, kommen wir in freies Gelände und erreichen nach Querung eines weiteren Bächleins in 500 m **Liebenau** ❶.

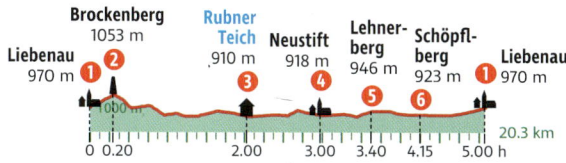

↗ 630 m | ↘ 630 m | 21.0 km

41 Steile Wege an Waldaist und Stampfenbach

5.45 h

Anspruchsvolle Tour durch einsame Täler und über felsige Höhen

Unteres Mühlviertel pur mit fast alpinen Dimensionen bietet diese Runde für sportliche Wanderer: steilste Wiesen- und Waldhänge mit Felsblöcken, Kletterfelsen, einen Gipfel mit Warte, tief eingeschnittene, stille Waldtäler mit verblockten Bächen, die an einsamen Wiesenplätzen zur Erfrischung einladen.

Ausgangspunkt: Gutau, 589 m (Navi: A-4293 Gutau, Marktplatz). Ab Linz-Urfahr auf der A 7, dann auf der B 124 nach Pregarten und links 12 km nach NO; Parkplatz am Güterweg Marreith. Bus ab Linz.
Anforderungen: Lange Rundwanderung; schöne Wege, auch verwachsene Pfade, kurz Asphalt, mehrere steile Anstiege, großer Höhenunterschied (Ausdauer!); meist bez., Teilstücke unbez. oder alte Markierungen bzw. nur in der Gegenrichtung besch.
Einkehr: Gasthöfe in St. Leonhard und Gutau.
Hinweis: Kombination mit Tour 43 (Burg Prandegg) ab Haslmühle bzw. mit dem Burgen- und Schlösserweg möglich.
Tipp: Auch als kürzere Streckenwanderung (Busrückfahrt ab St. Leonhard) oder als Zweitagestour (Übernachtung in St. Leonhard) zu empfehlen.

Unterwegs im Waldaisttal.

Bei der Lederwarenerzeugung in **Gutau** ❶ wählen wir die von der Leonharder Straße rechts abzweigende Hainbergstraße bergauf (Gu3) durch eine Siedlung. An ihrem Ende auf dem Steig zu einer Scheune, über einen breiteren Weg, am Waldrand bergab (rechter Ast von Gu3 nach Prandegg) und längs eines Bächleins ins **Boblholz**. Nach der Bachquerung treffen wir auf einen Forstweg und gehen kurz links abwärts, bis vor einer Schranke links rückläufig ein Waldweg abzweigt, der ins Bachtal leitet und dem Gewässer talwärts folgt. Nach rechts aus dem Wald hinaus und bei einer alten Mühle zur Waldaist. Hier links, 800 m flussaufwärts, zum **Kraftwerk Riedlhammer** ❷, 460 m. Auf der Zufahrt queren wir den einmündenden **Stampfenbach** und gleich darauf auf der Straßenbrücke die Aist. Bei eindrucksvollen Felswänden zweigt links der Güterweg Pehersdorf ab, auf dem wir knapp 1 km emporwandern, hoch über der mit Blöcken übersäten Aist, vorbei am Kletterfelsen **Mönchstein** (jenseits der Aist, Hängebrücke). Bei der ersten Abzweigung, 535 m, links auf unbefestigtem Fahrweg talwärts zum Fluss. Bei der Brücke zur Haslmühle (Ferienheim, 505 m) auf derselben Flussseite stets am Fluss entlang aufwärts. Markierungen weisen rechts zur Ruine Prandegg (1,7 km, 200 Hm). Wir ignorieren alle Abzweigungen und blei-

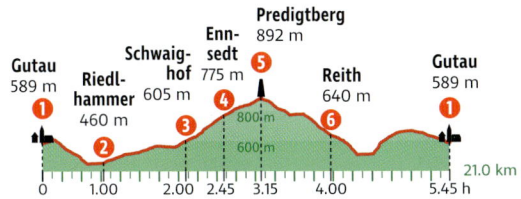

ben am Fluss (unbez.) bis zum beschrankten Fahrwegende, 565 m. Auf der hier beginnenden Forststraße 70 m weiter, dann zweigt links ein schmaler Steig hinunter zu einer Wiese am Fluss ab (Badeplatz). Wir folgen der Aist flussaufwärts, überqueren sie auf einer Brücke und erreichen geradeaus einen quer laufenden Weg am Waldrand, dem wir rechts folgen bis zu einem Güterweg. Auf ihm links zu zwei Höfen in **Schwaighof** ❸, 605 m. Nun mit den Zeichen des Burgen- und Schlösserwegs (BSW, orange Tafeln und Farbzeichen) erst 700 m aufwärts und, wo links der Wald beginnt, rechts auf einen Rain; unter einer Böschung links hinauf nach **Eppensedt**, 665 m. Hier zweimal rechts, dann auf einem Feldweg bergan zum Wald und durch diesen, dann entlang einer Wiesenmulde nach **Ennsedt** ❹.

Links auf den Güterweg, nach 500 m beim Haus Nr. 18 auf den links steil in den Wald führenden Weg und zum Leonharder Kulturweg. Mit ihm links hinauf zur barocken **Wallfahrtskapelle Maria Hilf** mit dem radonhaltigen Augenbründl, danach fast eben durch die Bründlstraße vorbei an der Hauptschule und auf der Bergstraße hinab zum Marktplatz von St. Leonhard bei Freistadt, 810 m.

Wir folgen den Wegweisern zur Warte, passieren den Marktbrunnen, einen Pechölstein, einen Brunnen mit Leonhardstatue, das alte Feuerwehrdepot und eine Mariensäule am Waldrand, folgen dort weiter der Beschilderung (Fahrweg halb links) und kommen in einem Rechtsbogen, zuletzt rechts abzweigend, vorbei am »Eidechsenstein«, hinauf zur »Susi-Wallner-Warte« (10 Min. ab Ort, meist versperrt, Schlüssel in den Ghf. im Ort) auf dem **Predigtberg** ❺, 892 m. Hier gerade weiter, vorbei an einer der »Sieben-Schmerzen-Kapellen« und am »Nagelkreuz«, der Beschilderung »Rückweg in den Ort« folgend. Wo der Rückweg scharf rechts abbiegt, wenden wir uns links bergab (Wegweiser »Kulturweg« in Gegenrichtung), nicht rechts hinaus zum Waldrand, sondern halb links, kommen in einem Zickzack-Kurs (genau nach den Rundweg-Tafeln »blauer Kreis, blauer Winkel« halten!) am nächsten Querweg ganz kurz rechts, bei einer Einmündung gleich wieder links und kurz danach wieder auf schmälerem Waldweg schräg rechts rückläufig bergab) zu einem breiten Waldweg, auf ihm rechts eben zu einer Siedlung am Wald und an deren Ende beim Hof **Enikl**, 790 m, zur Ringstraße. Wir biegen links in sie ein, verlassen sie aber schon nach dem ersten Wohnhaus (Nr. 9, Wegweiser »Kulturweg« in Gegenrichtung) links steil bergab auf einem nach rechts parallel zur Straße führenden Wiesenweg, wandern unter den Häusern vorbei am Ulanenkreuz und stoßen in einem Waldstück wieder auf die BSW-Zeichen. Mit diesen links bergab, zwei Güterwege queren und kurz ansteigen Richtung Hof **Wimmer**, 750 m (mit mittelalterlichem Zehentkasten). Dessen Zufahrt bringt uns rechts zum Güterweg Reith, auf den wir links einbiegen. Stets leicht bergab, vorbei am Hof **Großer Haider** (rechts unbez. Abzweigung, 20 Min., zum Herzogreither Berg, 811 m, Fels mit Stufen und Drahtseilsicherung, Opferschale, Kreuz, herrliche Aussicht), in ca. 1,5 km nach **Reith** ❻, 640 m.

Die romantisch gelegene Haslmühle im Waldaisttal.

Zwischen den beiden untersten Häusern der Ortschaft leitet ein Weg erst eben, dann fallend in ein kleines Bachtal. Das Rinnsal überqueren, hinauf zum schmalen Asphaltweg, auf ihm rechts und nach 600 m zur Gutauer Straße, die hier eine scharfe Biegung macht. Die Straße queren und jenseits auf einem Waldweg dem Bach entlang weiter hinab zum **Stampfenbach**, 502 m. Wo wir ihn erreichen, führt zwar eine Brücke über den Bach, der Weg setzt sich aber am anderen Ufer nicht fort. Deshalb gehen wir den Bach entlang ein Stück aufwärts, bis wir nahe bei einem einsamen Haus den Bach auf einer Brücke überqueren können.

Während hier die BSW-Zeichen bachaufwärts weisen, gehen wir (unbez.) auf dem Güterweg ca. 500 m links bachabwärts. Bei der zweiten Wegabzweigung rechts wandern wir auf einem steilen, rückläufigen Schotterweg (Reste einer alten Markierung) steil bergan, hinaus aus dem Tal und wenden uns weiter oben links zum **Hof Baumgartner**, 555 m, auf dessen Zufahrt rechts und durch eine Doppelkurve hinauf nach **Schwanzlau**, 644 m; hier erst rechts, danach gleich im Linksbogen weiter. Knapp nach dem letzten Haus beim ersten links abzweigenden Wiesenweg treffen wir auf den Gutauer Rundweg W1. Ein gelber Pfeil weist uns auf dem oberen von zwei Wegen hinab zum Wald. Durch diesen erst eben, dann leicht steigend, zu einer Lichtung mit dem Hof **Hinteneder**. Auf dem Zufahrtsweg am Südhang des Schöferbergs zum Hof **Lehen** 20 (Schöfer), 630 m. Wir verlassen den eine weitere Schleife ziehenden Rundweg und gehen gerade weiter zum Güterweg Lehen. Auf diesem links 600 m hinunter zur Leonharder Straße und auf ihr rechts 400 m zum Ausgangspunkt ❶.

↗ 500 m | ↘ 500 m | 19.7 km

42 In den Wäldern an der Weißen und der Schwarzen Aist

5.15 h 🚌✕

Durch unberührtes Bauernland

Von den Quellflüssen der Waldaist führt diese Tour auf 1000 Meter Seehöhe zum Felsgebilde der sagenumwobenen Jankusmauer in Liebenstein und durch ein einsames und waldreiches Stück des Mühlviertels.

Ausgangspunkt: Weitersfelden, 733 m (Navi: A-4272 Weitersfelden, Weitersfelden 15). Ab Linz-Urfahr wie bei Tour 41 nach Gutau, dann über St. Leonhard bei Freistadt 14 km Richtung O; Parken im Ortszentrum v. Weitersfelden. Bus ab Linz-Hauptbhf.

Anforderungen: Lange Rundtour mit größerem Höhenunterschied; schattige Wege, kurz auf Güterwegen; bez. (teils mangelhaft, Nr. 59 nur in Gegenrichtung, Nr. 170 gut bez.).
Einkehr: In Liebenstein und Weitersfelden.

Vom Marktplatz in **Weitersfelden** ❶ nach Osten, dann links auf den Güterweg **Haid** (Nr. 59) und aus dem Tal der **Schwarzen Aist** hinauf zur 500-jährigen Linde beim **Lehnerhof**; hier geradeaus und nach einer S-Kurve, 840 m, nach rechts (Asphaltende). Durch Wald gelangen wir zur ländlichen Zufahrtsstraße Vogelwaid. Im Tal queren wir die **Weiße Aist**, 760 m, und biegen rechts ab, um gleich wieder links auf eine Forststraße einzuschwenken. Über die Straße Richtung Liebenstein und im **Knaußerwald** zuerst links

»Stoabloße« Kapelle in Wienau.

(Forstweg parallel zur Straße). Dann wendet sich Nr. 59 nach rechts; am Waldrand über eine Wiese und zum Hof **Kammerer** ❷, 938 m, unter dem Kammererberg (Abstecher zur »stoabloßen« Kapelle am Waldrand). Kurz auf Asphalt, dann links auf den Radweg Liebenau–Unterweißenbach (blauer Kreis mit weißem Mittelpunkt).
Bei einem Transformator erneut links, hinab zur **Pölzmühle**, 900 m, am **Schildbach** und wieder hinauf nach **Liebenstein** ❸, 986 m (Weg Nr. 38). Schräg gegenüber dem Gasthaus mit dem Pfeil zur **Jankusmauer**, 1001 m, und zu den benachbarten Teufelskesseln (Vertiefungen in den wollsackverwitterten Granitfelsen; kurzer Abstecher). Wieder in Liebenstein treffen wir auf die von Liebenau kommende Weitwanderwegmarkierung 170 (Naturfreundeweg). Mit ihr über **Vordereibenberg** und den Hof Rubner zur **Wahlmühle** ❹, 766 m, im Tal der Weißen Aist. Nun geradeaus hinauf nach **Wienau** ❺, 872 m. Der Hoisnhof und die Steinkapelle sind Beispiele für die typische Mühlviertler Bauweise. In Wienau links (auch Nr. 58), nach dem letzten Haus rechts vom Güterweg ab und zum Hof **Rosner**, wo wir links dem Güterweg Richtung **Eipoldschlag** folgen. Wir verlassen den rechts abzweigenden Weg Nr. 170 und gehen auf Nr. 58 weiter. Nach einer S-Kurve links ab; nun nicht mit Nr. 58 bergan, sondern auf dem Wiesenweg geradeaus. Durch den Ort **Ritzenedt** gelangen wir zur Wienauer Straße; rechts zurück nach **Weitersfelden** ❶.

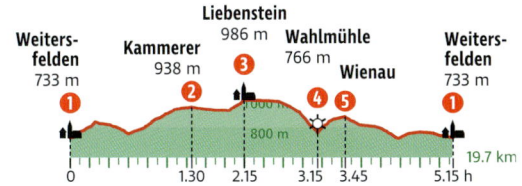

↗ 540 m | ↘ 540 m | 25.3 km

43 Zur Ruine Prandegg und zum Herrgottsitz

6.30 h 🚌 ✕

Eine anspruchsvolle Runde über die Mühlviertler Alm

Hauptattraktion dieser abwechslungsreichen Runde durch schönes Bauern- und Waldland ist die Ruine Prandegg, einst eine der größten Burgen des Landes; der Bergfried, zum Aussichtsturm umgebaut, gewährt eine weite Rundsicht. Auch die schönen Höfe in intakter Landschaft und die imposante Felsgruppe Herrgottsitz machen diese Tour lohnenswert.

Ausgangspunkt: Bad Zell, 515 m (Navi: A-4283 Bad Zell, Marktplatz). Ab Linz-Urfahr über die Mühlkreisautobahn A 7, dann auf der B 124 über Pregarten; Parken im Ortszentrum. Bus ab Linz.
Anforderungen: Lange Rundwanderung; großer Höhenunterschied, meist schöne Wege, Hinweg kurz auf Asphalt, Rückweg ab Jst. Pühringer fast nur asphaltiert (3 km); durchgehend bezeichnet.
Einkehr: Teichwirt (Abstecher); Imbisshütte Ruine Prandegg (1.5. bis 31.10. täglich ab 8 Uhr, 1.11. bis 30.4. Sa. und So. ab 11 Uhr); Jst. Stoaninger Alm; Jst. Pühringer; in Bad Zell und Schönau.
Tipp: Wer die Tour verkürzen oder die asphaltreiche letzte Etappe vermeiden möchte, fährt von Schönau per Bus oder Taxi nach Bad Zell (8 km) zurück (2½ Std./8,5 km weniger; dann auch mit Kindern empfehlenswert). Kombinationsmöglichkeit mit Tour 41 (siehe dortigen Hinweis!).

Blick auf die Ruine Prandegg.

Die Burgruine Prandegg mit weitem Ausblick bis zu den Alpen.

Wir verlassen den Marktplatz von **Bad Zell** ❶ am unteren Ende durch die Huterergasse und biegen vor einer Bachbrücke links auf Weg Nr. 15 (auch Mittellandweg 150). Bald verlässt uns Nr. 150; wir biegen mit Nr. 15 rechts ab und wandern erst im **Kettenbachtal**, dann links hinauf zum Hof **Fuchs** und nach kurzem Straßenstück erneut hinab zum Bach. Nun gut markiert, konstant an Höhe gewinnend, in nördlicher Richtung über den Hof **Großhennebichler** durch die Mulde des **Weberbergerbachs** und, vorbei am **Unter-** und **Oberweberberger** ❷, 670 m, zu den **Kalksederhäusern**. Auf einem Güterweg 500 m rechts (ostwärts) und bei der ersten Einmündung auf dem Güterweg links (nördlich) weiter bis zum ersten Haus von Pehersdorf (Hausleitner). Hier links auf schönem Feldweg durch eine Senke zu den Ortnerhäusern, 725 m. Mit Nr. 15 kurz links, dann gleich wieder rechts in den Wald und gut bezeichnet im Zickzack, zuletzt leicht steigend, zur **Ruine Prandegg** ❸, 727 m.

Auf dem Burgen- und Schlösserweg (Tafeln, Farbzeichen orange, hier auch Nr. 15; Achtung, es gibt zwei Varianten!) weiter Richtung Schönau. Auf der rechten (südlichen) Variante durch den Wald nach **Pehersdorf**, 728 m, und links 750 m auf dem Güterweg weiter, bis kurz nach Einmündung des Gü-

Typischer Mühlviertler Bauernhof bei Pehersdorf.

terwegs Kollnedt unsere Route rechts abbiegt. Wir stoßen auf den links abbiegenden Weg Nr. 83, sehen rechts ein Parkplatzschild und wandern nun auf Weg Nr. 80 links entlang des Waldrands in wenigen Minuten zum **Herrgottsitz** ❹, 855 m (einst während der Gegenreformation geheime Kultstätte der Untertanen von Prandegg).

Mit Nr. 80 entlang einer Skipiste zur **Stoaninger Alm** ❺ – Steininger; Abenteuerspielplatz, Sommerrodelbahn. Kurz hinunter zum **Bauholzbach** und an ihm entlang hinein nach **Schönau im Mühlkreis** ❻, 635 m. Bei der Kirche halten wir uns geradeaus, queren die Umfahrungsstraße, gehen zuerst ein Stück auf dem Güterweg Grubmühle und biegen bei einer Transformatorstation rechts auf Weg Nr. 84. Vorbei am **Großlehner** über den **Oltenbach** nördlich eines Waldrands und durch eine weitere Bachmulde nach

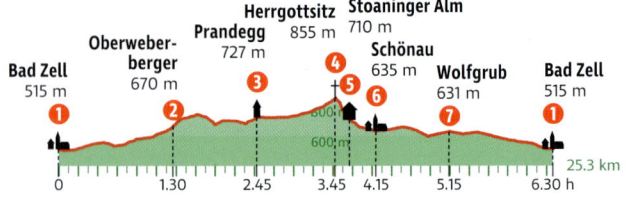

Wolfgrub ❼, 631 m. Hier auf dem Güterweg erst kurz links, dann auf der Zufahrt zwischen zwei Höfen rechts Richtung Pühringer (Nr. 8). Ab der **Jst. Pühringer** auf dem Güterweg südwärts nach **Ellerberg**, 600 m.
Weiter nach Aich, im Bogen rechts durch Wald, dann wieder zurück zum Güterweg, und vorbei an der Hubertuskapelle, nach **Bad Zell** ❶. Auf Ortsstraßen zur eingangs erwähnten Bachbrücke und zurück zum Marktplatz.

↗ 260 m | ↘ 290 m | 10.2 km

44 Auf der Mühlviertler Alm durch eine rauschende Klamm

2.45 h

🚌 👣

Romantische Streckenwanderung im unteren Mühlviertel

Die steilen Hänge faszinieren im unteren Mühlviertel immer wieder, ebenso die tief eingeschnittenen, engen Fluss- und Bachtäler, von denen die Klammleiten bei Königswiesen sicher zu den eindrucksvollsten gehört.

Ausgangspunkt: Unterweißenbach, 640 m (Navi: A-4273 Unterweißenbach). Ab Linz-Urfahr auf der A 7, dann auf der B 124 über Pregarten nach Bad Zell, von hier 17 km links (NO) über Schönau/Mlkr.; Parken im Ortszentrum (östlich der Pfarrkirche). Busverbindung ab Linz.
Endpunkt: Königswiesen, 610 m. Rückfahrt per Bus/Taxi (8 km).
Anforderungen: Kurze Streckenwanderung; steiler Anstieg mit längerem Abstieg, schöne Wege, wenig Asphalt, Klammleiten schmaler Steig, gegen Ende 2 km Straße; bez.
Einkehr: Unterwegs keine; in Unterweißenbach und Königswiesen.
Varianten: Wer einen aussichtsreichen Gipfel besteigen möchte, wandert in Königswiesen vorbei an Pfarrkirche, Schule und Jugendheim auf dem Güterweg Harlingsedt 1,1 km bergan; bei einer Rechtskurve mit der weiß-roten Markierung (Weg Nr. 19, Gipfelkreuzweg) in den Wald und zum »Gipfelkreuz« (lohnenswerter Abstecher zu Opferschalen), mit großen Granitfelsen und Gipfelkreuz, luftig ausgesetzt, schöne Fernsicht, Tiefblick auf Königswiesen (¾ Std; zurück auf demselben Weg).
Wer die Tour als Rundwanderung machen möchte, wandert die Etappe des Johannesweges (www.johannesweg.at), auch Hirschalmweg 02, in umgekehrter Richtung vom »Gipfelkreuz« westwärts vorbei am Jagdmärchenpark Hirschalm und über den Wegererstein wieder hinab nach Unterweißenbach (ges. ab Königswiesen 10,2 km, 3 Std.).

Nördlich hinter der Kirche von **Unterweißenbach** ❶ wählen wir die erste Straße rechts, vorbei an Bad und Sportanlagen (Güterweg Weißenbachtal). Bald endet der Asphalt, ein kurzes Stück am **Weißenbach** aufwärts begleitet uns ein Fitnessweg. Mit Nr. 10 im Wald bergan, beim Waldende links ab (Nr. 30 führt weiter geradeaus) und nach **Wildberg bei Unterweißenbach** ❷, 866 m. Kurz vor der Ortstafel rechts auf dem Wiesenweg (Nr. 10) nach **Greinerschlag**, 883 m. Nun ostwärts mit schöner Fernsicht zu einem Hof in **Enebitschlag**, dort ein kurzes Stück auf dem Güterweg links, dann (P. 824) rechts Richtung Klammleiten. Vor der Schnapsbrennerei **Binderreith**, 815 m, scharf links hinunter in die wildromantische **Klamm** ❸, 761 m. Am rechten Ufer des **Klammleitenbachs** abwärts, vorbei an großen, besteigbaren Felsgebilden (»Herberge«, »Kanzelstein«). Bei einer Wehranlage zuerst über die Brücke nach links, dann gleich wieder auf

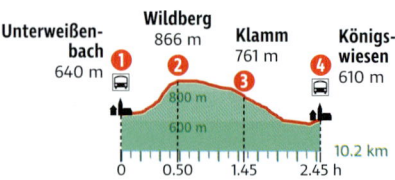

einem Steg ans rechte Ufer und zur **»Gfluder«**. Eine Schautafel erläutert den Namen und macht mit dem damaligen Holzschwemmen vertraut. Der Weg wird zum schmalen Pfad und leitet zu den sagenumwobenen Felsen »Kindlstein« und zur versunkenen »Teufelsmühle«. Kurz nach der **»Waldandacht«** (Königswiesen) wandern wir steil hinab zum **Kraftwerk Lindner**, 585 m; der romantische Weg ist zu Ende. Auf der Zufahrt zur B 124, dort rechts, eine Kehre rechts auf einem Ortsweg abkürzend, in ca. 25 Min. ab Klammende ins Zentrum von **Königswiesen** ❹ mit sehenswerter Pfarrkirche.

Eine kunstgeschichtliche Rarität: das Schlingrippengewölbe der Pfarrkirche Königswiesen.

TOP 45: Zur Burg hoch über dem Naarntal

↗ 470 m | ↘ 470 m | 14.8 km
4.15 h

Ruinenromantik mit prächtigem Rundblick

Der Sage nach wurde die restaurierte Burgruine Ruttenstein bei einer Belagerung durch einen den Feinden hinuntergeworfenen Fisch – eine Rutte – gerettet. Durchs malerische Naarntal und über die typischen steinreichen Wiesen und Wälder wandert man vom hübschen, kleinen Pierbach zu ihr hinauf.

Ausgangspunkt: Pierbach, 494 m (Navi: A-4282 Pierbach, Dorfstraße). Ab Linz-Urfahr über die A 7, dann auf der B 124 über Pregarten und Bad Zell nach Pierbach; Parken nördlich der Kirche am Beginn des Güterwegs Ruttenstein. Bus ab Linz.
Anforderungen: Lange Rundwanderung; sehr hügeliges Gelände, meist schöne Wege, Teilstücke auf Asphalt, am Ende allerdings 600 m Bundesstraße; bez.
Einkehr: In Pierbach und Mönchdorf; Schutzhütte Ruttenstein (1.4. bis 31.10. täglich 9–20 Uhr, 1.11. bis 31.3. Sa. und So. 9–20 Uhr).

In **Pierbach** ❶ folgen wir dem Burgen- und Schlösserweg (BSW, orange Tafeln, zusätzl. rot Nr. 95/15). Nach dem Ghf. Trinkl rechts auf dem Güterweg Bergerriedl empor, nach einem Hof links auf einen Waldweg und durch Mischwald leicht bergab. Bei einem Zufahrtsweg geht es mit einem großen S bergwärts. Nach einer Geraden folgt eine Rechtskurve; unmittelbar nach dieser verlassen wir den Asphalt und wandern links zum Wald, 590 m, mit großen Granitblöcken, auch in der Wiese.

Bergab gelangen wir ins Tal der **Großen Naarn**, malerisch führt der Weg flussaufwärts. Bei den Häusern am Fluss entlang bis zur zweiten Brücke, 527 m.

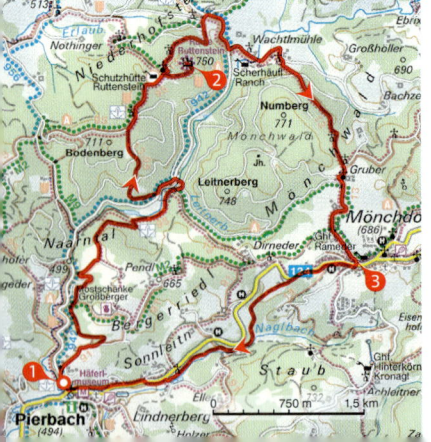

Der Ruttensteinweg 13 zweigt hier rechts ab, wir aber folgen geradeaus weiter den BSW-Zeichen, queren die Naarn und wandern auf der Straße ein Stück flussabwärts. Beim ersten Haus rechts führt der Weg rechts stets bergauf (weiß-rot). Wir queren zweimal eine Forststraße und erreichen, am Bodenberg vorbei, eine Schotterstraße, die zu dem neu errichteten Schutzhaus, 710 m, unterhalb der Ruine führt; in wenigen Minuten weiter zum Burgtor. Die mächtige **Wehrburg Ruttenstein** ❷, 750 m, von der Gemeinde Pierbach

Wurde der Sage nach durch einen Fisch gerettet: Ruine Ruttenstein.

restauriert, bietet vom einstigen Wohntrakt einen herrlichen Rundblick über das untere Mühlviertel.

Zurück bei der Schutzhütte folgen wir bei der gegenüberliegenden Hubertuskapelle dem Weg Nr. 95 stark fallend rund um den Burgberg und queren eine Forststraße. Beim Hof **Holzer** rechts auf den Güterweg Ruttenstein (Nr. 13, rot). Vor dem Wald links auf den Güterweg Mönchwald; bei der **Wachtlmühle**, 543 m, überqueren wir die Naarn und wandern hinauf zu einem großen Bauernhof.

Hier verlassen wir den Güterweg nach rechts. An einer Kapelle vorbei erst am Waldrand, dann im **Mönchwald** am Hang des Numbergs leicht bergan. Wir queren einen Forstweg. Bei einem Bildstock, 695 m, biegt links der Weg Richtung Königswiesen ab; wir wandern geradeaus zum Hof Gruber. Von hier geradeaus auf dem Güterweg durch **Blumental** nach **Mönchdorf** ❸, 686 m. Im Ort rechts, erst auf der Straße Richtung Pierbach bis zur Ortstafel, hier links auf den Zufahrtsweg und am Wiesenrain und über einen weiteren Zufahrtsweg wieder auf die Pierbacher Straße. Kurz vor einer Rechtskurve links mit Nr. 16 durch Wald und Wiesen ins **Nagelbachtal**, 560 m. Wo Nr. 16 links aus dem Tal hinauszieht, gehen wir parallel zur Straße gerade weiter und den Bach entlang abwärts zur Bundesstraße; auf ihr ca. 600 m nach links weiter. Vor der Brücke über den Nagelbach geradeaus über eine Sackgasse und auf dem Fußweg ins Ortszentrum von **Pierbach** ❶.

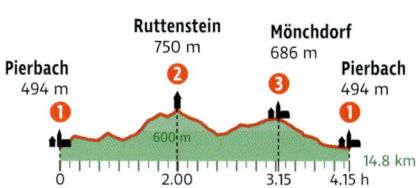

↗ 690 m | ↘ 690 m | 20.0 km

46 Von der Naarn zu Bucklwehluck'n und Schwammerling

6.00 h 🚌✕

Höhen- und Talwanderung im Naturpark

Diese anspruchsvolle, mit umfassender Fernsicht, zahlreichen Attraktionen (Steingebilden, alte Kirche, Freilichtmuseum, Warte im Naturpark) und einem prächtigen Flusstal aufwartende Berg- und Talrunde zählt zu den schönsten im unteren Mühlviertel und garantiert einen erlebnisreichen Ausflugstag.

Ausgangspunkt: Steinbruckmühle, 485 m (Navi: A-4282 Pierbach, Steinbruckmühle), am Zusammenfluss Kleine Naarn/Große Naarn; ab Linz-Urfahr wie Tour 43 nach Bad Zell und noch 4 km auf der B 124 bis zur Abzweigung der Straße nach Perg; Parkplatz an der Naarnbrücke. Busverbindung ab Linz.
Anforderungen: Anstrengende Rundwanderung; steile Anstiege (Ausdauer), meist schöne Wege, teils schmale Pfade, kurz Asphalt; anfangs unbez., dann bez./besch. (teils dürftig).
Einkehr: In St. Thomas und Rechberg; Mostheuriger Kaindl (Weg Nr. 2); im Naarntal: Raabmühle (9–24 Uhr).
Verkürzte Varianten: 1. Start in Rechberg am östl. Seeende, auf MLW 150 zum Lindner und weiter wie unten, Ende ebenfalls in Rechberg (ohne Naarntal; insgesamt 13 km, 200 Hm im Anstieg weniger; dann auch für Kinder geeignet). 2. Vor dem Käfermühlbach rechts auf MLW 150 zum Güterweg und, ohne Anstieg nach St. Thomas, auf diesem weiter zur Wegfortsetzung auf S4 (3,5 km kürzer, 200 Hm im Anstieg weniger).

St. Thomas am Blasenstein und das Felsgebilde der sogenannten »Bucklwehluck'n«: Wer hier durchkriecht, hat keine Kreuzschmerzen mehr, sagt man!

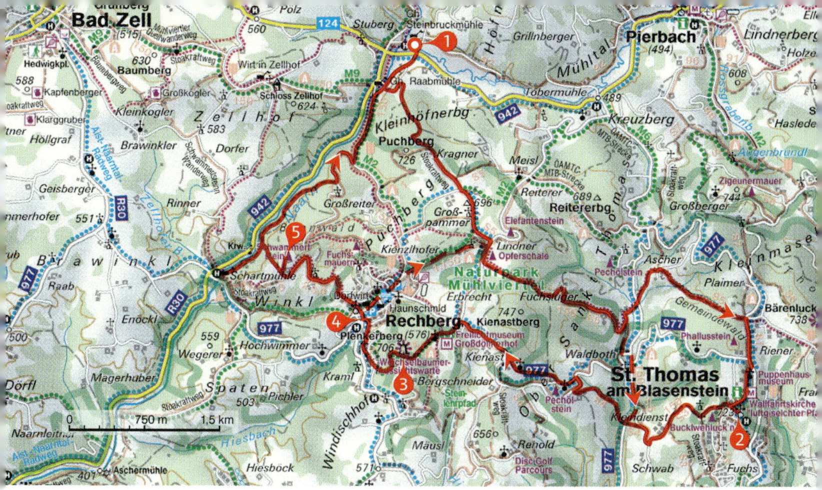

Von der Naarnbrücke bei der **Steinbruckmühle** ❶ unbez. auf dem Güterweg Kleinhöfnerberg zum Hof Bundschuh, um diesen herum und bergan Richtung Wald. Bei einer Gabelung weiter auf dem mittleren Weg stetig bergan. Dann auf dem von links kommenden breiteren Forstweg nach rechts. Kurvig aufwärts, dann wird der Weg flacher und zieht unter dem Puchberg gerade zum Hof **Kragner**. Ab hier mit Weg Nr. 1 (rw, Güterweg) gerade weiter zur Pammerhöhe, P. 696 (Naturdenkmal, Rastplatz, 1½ Std.). Nach einem Wasserbehälter machen wir beim **Lindner** einen kurzen Abstecher (5 Min.) links zum **Elefantenstein**. Nun auf dem Mittellandweg 150 bergab, vorbei am **Fuchsluger**, bis sich fast im Tal Nr. 150 scharf nach rechts wendet. Wir gehen aber (unbez.) weiter auf der Zufahrt hinab zum **Käfermühlbach**, 520 m, queren eine Straße und wandern jenseits in gleicher Richtung hinauf zu einem Hof, wo wir auf S7 treffen. Nach einer Senke im Gemeindewald bergwärts. Hinter dem Sportzentrum rechts ab und nach **St. Thomas am Blasenstein** ❷, 723 m (Bucklwehluck'n). Unterhalb des Gemeindeamts mit Nr. 150 Richtung Westen bergab und vorbei am

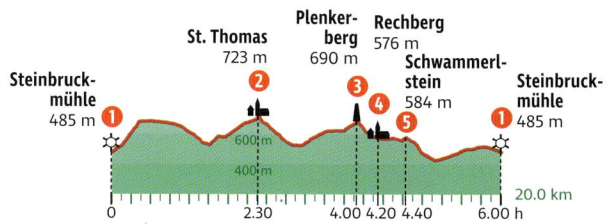

*Oben: Der Schwammerlstein bei Rechberg.
Unten: Rechberg im Naturpark Mühlviertel.*

Hof Kleindienst wieder zum **Käfermühlbach**, 510 m. Im Tal verlassen wir Nr. 150 links auf dem Güterweg, queren 100 m danach rechts den Bach und wandern in einem Seitental bergan (weißblau, S4, dürftig bez.).

Bei einer Kapelle auf dem Güterweg rechts bergab, nach der nächsten Kurve links und an einem Hof vorbei zur nächsten Kapelle. Vor dem Hof **Kienast** gerade weiter bis zum Naturpark-Parkplatz (links). Mit den gelben Pfeilen des Naturparkwegs vorbei an einem Pechölstein zum Freilichtmuseum **Großdöllnerhof**, zum Steinlehrpfad und zur Aussichtswarte am **Plenkerberg** ❸, 690 m; dann mit den Markierungen rot-weiß und blau-weiß des Donau-Höhen-Rundwanderwegs hinab nach **Rechberg** ❹, 576 m (Badesee). Vorbei am Amtshaus auf den Güterweg Schwammerling (bez. Nr. 2, 4, 3) und mit kurzem Abstecher zum **Schwammerlstein** ❺.

Dann geht es über Wiesen und durch Wald kurvenreich steil hinab zur Naarn (rw, Nr. 3; Nr. 4 grün auf Weiß) und zu einem Kraftwerk. Im Tal in 10 Min. flussabwärts links zur Schartmühle, 431 m (Ghf.).

Zurück zum Kraftwerk und auf Weg Nr. 1 am Ostufer flussaufwärts; nach ca. 1 km trifft man, rechts ansteigend, auf Weg Nr. 150, 530 m. Links zur Raabmühle (mit Ghf., Badeplatz) und über die Zufahrt östlich der Naarn geht es zurück zur **Steinbruckmühle** ❶.

↗ 230 m | ↘ 410 m | 12.6 km

3.30 h 🚌✕👥

Auf Graf Enzmilners Spuren über dem Machland — 47

Kulturschätze und ein rauschendes Tal im unteren Mühlviertel

Mit einer Besichtigung der Kirchen von Altenburg und Münzbach sollte die Wanderung beginnen. In Windhaag, einst Sitz des gefürchteten Grafen Enzmilner, sind Burgruine, Kirche und die herrliche Aussicht auf Donauebene und Alpenkette zu bewundern, bevor man im Durchbruchstal der Naarn nach Perg mit seinem hübschen Stadtplatz wandert.

Ausgangspunkt: Münzbach bei Perg, 426 m (Navi: A-4323 Münzbach, Markt 1). Ab Linz auf der B 3 bis Perg, dann 8 km links (NO); Parken im Ortszentrum. Bus/Bahn ab Linz-Hbhf. über St. Valentin bzw. Mauthausen bis Perg, ab da per Bus.
Endpunkt: Stadtplatz in Perg, 250 m; Rückkehr per Bus oder Bahn (Bhf. etwa 500 m vom Hauptplatz).
Anforderungen: Wenig anstrengende Streckenwanderung; gute Wege, schmale Pfade, kurz auf Asphalt, teils unbez., teils dürftig besch.
Einkehr: In Münzbach, Windhaag und Perg; im Naarntal: Jst. Raumtischmühl (Mai–Okt., Fr., Sa., So. ab 15 Uhr); Ghf. Kuchlmühle.
Variante: Von Altenburg, 383 m, Bushaltestelle 2 km vor Münzbach: unter dem Kirchenhügel beim Sägewerk auf dem Güterweg jenseits der Straße (Nr. 2, rw) am Hausbergbach entlang; nach dessen Querung rechts hinauf zum Hof Leitner und vor diesem auf dem Feldweg steil bergan; am Waldrand zwischen Wildgattern, dann gerade hinauf zum Hof Plank, Windhaag Nr. 20; hier rechts dem Wegweiser folgend zur Ruine jenseits des Grabens oder auf der Zufahrt gerade hinauf nach Windhaag (ca. 2 km kürzer).

Ruine Windhaag.

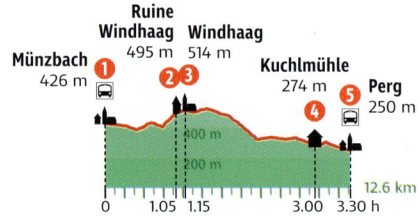

Vom ehemaligen Kloster in **Münzbach bei Perg** ❶ westwärts durch den Markt zur Einsiedelstraße (Brücke über Ortsumfahrung) und durch eine Siedlung zu einer Linde mit Rastplatz. Mit M2 leicht rechts, am Waldrand gerade bergab und in Sichtweite der Perger Straße scharf rechts durch Wald hinab zum **Modlerbach**, 365 m. Ein Steg leitet über ihn zum nahen Güterweg. Nach dessen Querung gerade durch das Wäldchen zu einer mit Büschen verwachsenen Kapelle. Auf dem breiten Fahrweg rechts hinauf zum **Hammerhof** und dort rechts auf den Güterweg. Nach 450 m treffen wir auf den Enzmilner Kulturweg (markiert in Gegenrichtung), der links auf einen leicht fallenden Forstweg leitet. Wo dieser wieder ansteigt, wenden wir uns links hinab zum Hausbergbach, queren ihn bei einem einsamen Haus, 390 m, und folgen links einem Seitenbach bergan. Nach einem Stein mit Hubertusbild steigen wir auf derselben Bachseite steil durch Wald hinauf zur **Ruine Windhaag** ❷. Auf dem Fußweg gerade bergan zur Dorf-

Prunkvolles Haus am Stadtplatz von Perg.

straße, die aufs ehemalige Kloster zuhält. Erst links, dann kurz rechts zur Kirche in **Windhaag bei Perg** ❸, 514 m. Vor der Kirche rechts zum und weiter zum Musikheim und über die Rechberger Straße zum Mühlviertler Quellwanderweg (Nr. 1 wr). Auf ihm westwärts hinab in ein Tälchen. Unmittelbar nach Querung eines Rinnsals wenden wir uns links zum Wald, biegen nach rechts und erreichen den Zufahrtsweg zu einem Reiterhof, im Linksbogen um den Hof auf einem Güterweg zu einer Kreuzung, 535 m. Hier links bergab, vorbei am **Oberthanner**, bis zu einer Kapelle und rechts in die Zufahrt Hundstorfer. Direkt vor dem zweiten Hof links und gleich darauf nochmal links auf dem breiten Quellwanderweg hinunter zum Wald. In mehreren Kehren, stets auf dem Hauptweg hinab zur **Naarn**, 310 m, und links zur **Raumtischmühle** (Alpenvereinsweg Nr. 3).
Bei der Mühle wählen wir den Weg links oben, der in Flussrichtung im Wald ansteigt, sich dann steil hinab zum Fluss wendet (P2, wr) und am linken Ufer entlang einer Rohrleitung talaus zum **Ghf. Kuchlmühle** ❹, 274 m, zieht. Auf der Zufahrt geradeaus zur Straße, auf ihr kurz links und bei der ersten Abzweigung rechts auf abgeschranktem Weg zurück zur zuvor unterquerten Rohrleitung. Neben dieser unterhalb hoher Felswände hinab zur Naarntalstraße, auf dieser links zum Kraftwerk und dort über die Naarn. Gleich jenseits des Flusses gerade hinauf zum Spazierweg Stephanienhain (Alpenvereinsweg Nr. 3); auf ihm hinab zum Fluss (Waldbad), geradeaus weiter zur Dr.-Schober-Straße und auf dieser rechts 250 m zum Stadtplatz von **Perg** ❺.

TOP 48

↗ 660 m | ↘ 660 m | 26.7 km

Auf den Spuren von Rittern und Schiffern im Strudengau

7.15 h

Schluchten und Schlösser nahe dem Donautal

Diese lange Tour verbindet einige Glanzpunkte des Strudengaus, führt zu eindrucksvollen Burgen und Engtälern und bietet im idyllischen Donautal mit dem sehenswerten kleinen Schifferstädtchen Grein und dem Tiefblick auf den Strom von der Gobelwarte besondere Höhepunkte.

Ausgangspunkt: Saxen, 242 m (Navi: A-4351 Saxen). Ab Linz auf der B 3 über Mauthausen; Parken im Ort. Bahn ab Linz-Hbhf. über St. Valentin bzw. Mauthausen.
Anforderungen: Lange Rundtour; großer Höhenunterschied (Ausdauer!); gute Wege, wenig befahrene Güterwege (sonnige Teilstücke); bez. (teils dürftig, ab Grein gut).
Einkehr: In Saxen, Klam, Bad Kreuzen, Grein; Jst. Speckalm in Lehen; Hahnwirt (Di. und Mi. Ruhetag).
Hinweis: Abkürzung möglich: Rückfahrt per Zug (häufiger Verkehr) von Grein nach Saxen (7,5 km kürzer, 240 Hm im Anstieg weniger; dann auch für Kinder geeignet).

Wir verlassen **Saxen** ❶ nordwärts, biegen aber noch im Ort links ab und folgen dem Donausteig in entgegengesetzter Richtung. Durch die Freynhofsiedlung rechts abbiegend kommen wir bei der Hintermühle zur **Klamschlucht**. Hier folgen wir Donausteig und Burgen- und Schlössersweg. Der Weg durch die Schlucht erinnert an den Dichter Strindberg. Vorbei an alten Hammerwerken und Sägen gelangen wir am Schluchtende, 275 m, links auf dem Steig hinauf zur **Burg Clam** ❷, 357 m; von dort hinunter in den Ort **Klam** ❸, 281 m. Am nördlichen Ortsende über den Klambach, kurz nach einer Nepomukstatue auf den Wiesenweg links parallel zum Bach und zu einem Güterweg. Nach der Brücke über den von rechts zufließenden Rinnaubach links weiter bis zu einer Brücke über den **Klambach**, vor der wir rechts schwenken, um nach wenigen Metern links den **Sulzbach** zu queren. Bei einer Kapelle mit zwei Linden rechts vom Güterweg ab und stets geradeaus bis zu einem bergan führenden Güterweg (weiße 9 auf grün, BSW). Beim Hof **Brandstetter** rechts, und, nach neuerlicher Querung des Sulzbachs, beim nächsten Hof über einen Güterweg hinauf zur Straße. Hier rechts und beim Bad links abkürzend nach **Bad Kreuzen** ❹, 474 m, und über die Zufahrt (besch.) zur **Burg Kreuzen** ❺, 448 m (Jugendherberge, Hotel). Dem Donausteig folgend an der Burg entlang Richtung Jägersitz, dann über die **Herzogsquelle** hinab (Nr. 5a) in die **Wolfsschlucht**, 300 m, am Kämpbach. Zahlreiche Inschriften beweisen, dass Kreuzen schon im 19. Jahrhundert ein beliebter Kurort war. Am Südende der Talenge, 340 m (Parkplatz an der Greiner Straße), auf einem Waldweg links bergan zur **Jst. Speckalm** ❻ in

In der Wolfsschlucht bei Bad Kreuzen.

Blick von der Gobelwarte auf Grein, Greinburg und Donaustrom.

Lehen bei Grein, 385 m, und auf dem Greiner Höhenweg Nr. 5 entlang des Hangs durch eine Bachmulde zum Güterweg Wieshofer. Bei der nächsten Kreuzung uns rechts haltend passieren wir den Hahnwirt (Ghf.), 357 m, und biegen beim nächsten Waldrand rechts auf den Mühlbergweg; über ihn, vorbei am Hof **Mühlberger**, hinab nach **Grein an der Donau** ❼, 239 m. Der

Anstieg (300 m) zur Greinburg und ein Aufenthalt im malerischen Städtchen am Donauufer sollten auf jeden Fall eingeplant werden.

Der Rückweg führt auf der B 3 westwärts über den **Kämpbach**. Nahe dem Bahnhof Grein-Bad Kreuzen kommt man rechts »Am Hofberg« über drei beschilderte Wege zum Aussichtsturm über dem Strudengau: Reitsteig (Nr. 1), Nomberger Steig (Nr. 2) und Kirchensteig (Nr. 2a). Wir wählen mit Nr. 2a den kürzesten, der relativ steil hinauf zur **Gobelwarte** ❽, 484 m, zieht. Von hier auf Weg Nr. 1 (auch BSW, Donausteig in Gegenrichtung) zur **Mostschänke Kren** (Familie Sperneder, Jst.) und über **Reitberg**, 316 m, zurück nach **Saxen** ❶.

↗ 460 m | ↘ 460 m | 12.3 km

49 Einsiedlermauer und Burgstall

4.00 h

Stein- und waldreiche Runde an der Ostgrenze des Mühlviertels

Interessante Felsgebilde mit herrlicher Aussicht lernen wir bei dieser Wanderung durch einsames Bauernland und waldreiches Grenzgebiet im äußersten Osten Oberösterreichs kennen.

Ausgangspunkt: St. Georgen am Walde, 787 m (Navi: A 4372 Sankt Georgen am Walde, Markt 1). Von Linz wie bei Tour 48 auf der B 3 bis Grein, dann links (N) auf der B 119 noch 18 km; Parken beim Informationspavillon (Ortszentrum). Bus/Bahn ab Linz-Hauptbahnhof. über St. Valentin bzw. Mauthausen bis Perg bzw. Grein / Bad Kreuzen; ab dort per Bus.
Anforderungen: Rundtour; relativ viel Wald, gute Wege, kurz auf wenig befahrenen Güterwegen; durchgehend sehr gut bez.
Einkehr: In St. Georgen; Jst. Gebetsberger.

Von der Kirche in **St. Georgen** ❶ ostwärts immer der Markierung Nr. 3 / Burgstall folgend, bei der Wimmerkapelle am Hang des **Schanzbergs** rechts durch den Ortsteil Birkenbichl zum Hof **Payreder** und nach rechts in einer S-Kurve abwärts durch den Wald bis zur Hofzufahrt **Schröck**, 695 m.

Die Burgstallmauer, ein riesiger Steinwall.

Erst links und ab dem Hof in einem Rechtsbogen bergan queren wir beim Groß- und Kleinschwaighof einen Güterweg. Nun im Wald bergan, mit scharfem Linksknick vor dem Weiler Obergippel auf eine Forststraße, hier Blick auf schöne Felsformationen. Nach einem Rechtsknick erreichen wir linker Hand den Zustieg zum **Burgstall** ❷, 949 m (Gipfelkreuz). Lohnender Abstecher in die **Burgstallschlucht**: Zuerst steil bergab, dann links durch einen langen schmalen Spalt zwischen zwei Felsblöcken bergauf (Seil als Handlauf) zurück zum Ausgangspunkt. Herrliche Fernsicht, Gipfelkreuz (2020 vom Blitz beschädigt). Die eigentliche Burgstallmauer, einen riesigen Steinwall, erreichen wir einige Minuten später auf dem Waldkamm (Wegweiser »Gebetsberger«), also auf dem kürzeren Rückweg. Schöner ist jedoch die Route über die Einsiedlermauer mit herrlichem Ausblick über das Sarmingbachtal (Landesgrenze) ins Niederösterreichische. Nach Besichtigung der Mauer zum Abzweig zurück auf Markierung 3/Burgstall zuerst auf Forststraße, dann rechts auf Waldweg an einer Quelle vorbei zur **Klammerkapelle** ❸, 877 m (1883 anlässlich einer Scharlachepidemie errichtet), und etwas abwärts auf einem Stichweg zur **Einsiedlermauer**, 858 m (Besteigung mittels Holztreppe). Auf ihr befindet sich der eigentliche Einsiedlerstein, ein Schalenstein mit 50 x 70 cm großer Vertiefung. Zurück an der Klammerkapelle wandern wir rechts auf dem Waldweg zum Weiler **Schrenk**, 850 m, hier dann links entlang einer Lichtleitung bergab erreichen wir einen Güterweg. Bei der nächsten Linkskurve nach rechts vorbei am Haus Linden 55 durch die Senke bergan zur Jst. Gebetsberger. In Gebetsberg nach der Kapelle des Hofes **Zeitlhof** ❹, 866 m, nach links zum Hof Unterzeitlinger. In einem S-Bogen führt der Weg dann in den Wald und bergab in die Senke des **Blümelbachs**, 750 m, dann hinauf nach **Linden**, 804 m. Am Güterweg Almeder-Mitterneder erreichen wir die Straße nach St. Georgen, biegen nach links und verlassen diese bei der zweiten Möglichkeit links zur Anhöhe des **Schanzbergs**, 842 m. Vorbei an einem Reitklub und einem Kinderspielplatz erreichen wir die Wimmerkapelle und geradeaus weiter das Ortszentrum **St. Georgen** ❶.

↗ 530 m | ↘ 530 m | 18.3 km

50 Barockkloster und Wallfahrtsort am Mittellandweg

5.30 h

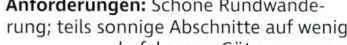

In der östlichsten Gemeinde Oberösterreichs

Drei eindrucksvolle Kirchen kann man im östlichsten Mühlviertel bewundern: die Marktkirche und die ehemalige Klosterkirche in Waldhausen sowie die Marienwallfahrtskirche zu Dimbach. Die bewegte, von Bächen durchfurchte Landschaft bietet neben erholsamer Einsamkeit und würziger Waldluft auch eine sportliche Wanderung.

Ausgangspunkt: Dimbach, 694 m (Navi: A-4371 Dimbach). Ab Linz B 3 über Mauthausen, Grein, dann 11 km N; per Bahn ab Linz Hbf. über St. Valentin oder Mauthausen bis Bhf. Grein/Bad Kreuzen, ab dort per Bus; Start: bei der Marktkirche, Parken in umliegenden Ortsstraßen.
Anforderungen: Schöne Rundwanderung; teils sonnige Abschnitte auf wenig befahrenen Güterwegen; erstes Teilstück teils bez., teils unmarkiert.
Einkehr: In Dimbach, Waldhausen und Schloßberg; Ghf. Langenbach.
Variante: Von der Marktkirche in Waldhausen auf dem Klostersteig direkt nach Schloßberg (20 Min.)

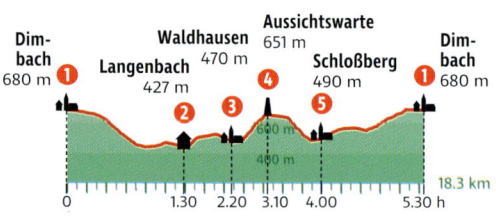

In **Dimbach** ❶ weist uns Weg 2 weiß-grün in südlicher Richtung entlang eines Kreuzweges zu einem großen Kreuz am höchsten Punkt, 695 m. Gerade vorbei am Hof **Gruber** gehen wir nun auf einem Güterweg bis zu einer Kapelle rechts (Weg 2 biegt schon vorher rechts ab, wir gehen gerade unmarkiert weiter!). Bei der Kapelle teilen sich die Wege, wir wandern geradeaus zu einem einsamen Hof, wo der Weg nun bergab in den Wald führt. Zuerst auf einer Forststraße, dann auf einem schmäleren Forstweg nach rechts hinunter ins **Dimbachtal** und auf der rechten Talseite am Dimbach entlang zu den ersten Häusern, 440 m, wo wir wieder auf Weg 2 treffen. Wir schwenken links auf Weg 2, überqueren auf einer Zufahrt den Dimbach und erreichen auf einem Wiesenweg ansteigend einen weiteren Güterweg. Dem rechts abzweigenden Donausteig folgen wir bis zum Trafo im Tal. Wir halten uns links und wandern dann rechts am **Gasthaus Langenbach** ❷ vorbei auf einem Wiesenrain bergan zum Güterweg. Nach links diesem folgend erreichen wir **Waldhausen** ❸. Wir gehen den Marktplatz hinunter, queren den Sarmingbach und folgen der Markierung bergan durch den Wald zur **Aussichtswarte** ❹. Von der Warte zuerst zurück auf den Güterweg, dann nach links ostwärts halten. Mit einem Bogen durch einen Einschnitt gelangen wir zum Badesee unterhalb der barocken Stiftskirche und nach **Schloß-**

Kloster Waldhausen.

berg ❺, 490 m. Wir folgen der Markierung des Mittellandwegs 150 (rwr) nordwärts, der vom ehemaligen Stift durch den Ort zum Güterweg Ettenberg leitet. (Alternativ dazu könnten wir auch dem hier beginnenden Honigschleuderweg folgen; er stößt später wieder auf den 150er.) Unsere Route verlässt den Güterweg bei einer Rechtsbiegung gerade in ein Tälchen, zieht dort aufwärts, führt dann rechts, etwas steiler zurück auf den Güterweg und auf ihm links bergan. Bei einer Verzweigung gerade bis zum Hof **Herzog** in **Ettenberg**, 575 m. Nun geht es rechts weg vom Asphalt, über eine Anhöhe durch ein Wäldchen, vorbei an einem Hof und auf dessen Zufahrt Richtung **Sarmingbach**. Knapp vor dem Tal, 530 m, biegen wir links auf einen Waldweg, der mit Rechtsbogen steil zum **Unteren Hornberger** hinaufzieht. Hier bringt uns die Zufahrt rechts aufwärts zu einem Güterweg. Wir biegen links ein und wandern auf ihm 2 km, erst bergauf, bei einer Gabelung (**Wenkeneder**, 670 m) links bergab ins **Dimbachtal**, 640 m, danach hinauf zum Markt in **Dimbach** ❶.

TOP

51 Der Donau-Moldau-Weg

↗ 1830 m | ↘ 1600 m | 79.3 km

3 Tage

Eine grenzüberschreitende Mehrtagestour von Linz nach Südböhmen

Schon vor der Grenzöffnung 1989 wurden zwischen einem Krumauer Wanderverein und der Mühlviertler Alpenvereinssektion Rodlland Kontakte geknüpft, bald darauf gemeinsame Veranstaltungen durchgeführt. Zum fünfjährigen Jubiläum dieser Partnerschaft versah man vorhandene markierte Wege mit Zusatzschildern und schuf einen attraktiven grenzüberschreitenden Weitwanderweg, der die Hauptflüsse Österreichs und Böhmens bzw. die oberösterreichische Landeshauptstadt mit der südböhmischen Kreisstadt verbindet.

Ausgangspunkt: Linz-Urfahr/St. Magdalena, 270 m (Navi: A-4040 Linz, Dornacher Straße 36). Straßenbahnlinie 1 und 2 ab Linz-Hauptbhf. bzw. Zentrum.
Endpunkt: Český Krumlov (Böhmisch Krumau), Stadtplatz, 492 m; Rückfahrt ab Busbhf. per Linienbus nach Kaplice-Nádraží (Bhf. Kaplitz); weiter per Zug über Summerau nach Linz-Hauptbhf.; auch Bus nach Bad Leonfelden, von dort Anschluss nach Linz.
Anforderungen: Anstrengende, mehrtägige Streckenwanderung; längere steile Anstiege, in Österreich meist schöne Wege, kurz Asphalt, in Böhmen etwas höherer Asphaltanteil, jedoch wenig befahren; bez. (Österreich: rwr; Böhmen: verschiedene Farben; überall zusätzlich Wald-Wasser-Symbol, »Donau-Moldau-Weg«); Ausdauer nötig, sinnvoll in 3 Etappen zu je 25–30 km: 1. Tag bis Bad Leonfelden (7½ Std., ca. 28,5 km), 2. Tag bis Rosenberg (6¾ Std., ca. 26,5 km), 3. Tag bis Krummau (6½ Std., ca. 24 km); Aufteilung auf mehr Tage mit kürzeren Etappen möglich.
Einkehr: In Oberbairing, Hellmonsödt (Ü), Zwettl (Ü), Bad Leonfelden (Ü), Rading, Studánky, Vyšší Brod (Ü), Rožmberk (Ü), Rožmitál, P(ídoli und Č. Krumlov (Ü); Jst. Museum Pelmberg (Abstecher, 10 Min.); ÖAV-Vertrags-Ghf. Sonnenhof vor Zwettl (Abstecher 20 Min., Ü).
Variante: Vor Zwettl bei der Sturmmühle mit Nr. 70 gerade weiter und nach kurzem Asphaltstück gerade auf dem Feldweg zu einem Bauernhof; schräg links über die Genger Straße hinab zum Kaarsteg über die Große Rodl, 604 m, danach auf dem Wiesensteig entlang des Forstbachs und, diesen querend, hinauf über Wiesen zum ÖAV-Vertrags-Ghf. Sonnenhof (25 Min., Ü); dort rechts auf MLW 150 (Güterweg), die Oberneukirchner Straße querend auf Ortswegen nach Zwettl/Rodl (25 Min.; insgesamt 1,5 km länger).
Hinweis: Für die Durchwanderung gibt es ein Wanderabzeichen; kostenlose Info beim Österreichischen Alpenverein anfordern: Sektion Rodlland, A-4180 Zwettl/Rodl, Tel. A-(0)732 244 653, E-Mail: rodlland@sektion.alpenverein.at.
Tipp: In umgekehrter Richtung (weil meist bergab) ist das erste Teilstück (Zwettl bzw. Hellmonsödt–Krummau) eine beliebte Tagestour (19,5/14 km; Anreise per Bus ab Linz-Urfahr, zu Fuß zurück).

In **Linz-Urfahr** beginnt bei der Straßenbahnhaltestelle **St. Magdalena** Weg Nr. 160. Dieser folgt zuerst bergan der Straße in den Ort, biegt gegenüber einer Kapelle rechts und führt nach Querung der Straße (rechts Abstecher zur Kirche von St. Magdalena, 313 m, Blick auf Linz von der Trasse der ehemaligen Pferdeeisenbahn Linz–Budweis) links über Stufen steil aufwärts. Am Treppenende biegen wir links auf die Oberbairinger Straße, bei der nächsten Querstraße rechts. Zwischen Häusern links aufwärts überqueren wir den Schatzweg und gelangen in einen Buchenwald. Danach stets bergan durch eine Siedlung, dann zu einem Haus am Waldrand und wieder in den Wald. Mit Nr. 160 die Straße queren und hinter Häusern durch Felder und Wiesen bergan zu einem Hof in **Windpassing**; dort links auf einen Güterweg und 500 m weiter mit Nr. 160 rechts am Wald entlang zu einer Siedlung. Kurz auf der Zufahrt, dann gerade weiter auf einem Feldweg zu einer Tischlerei in **Oberbairing** ❷, 645 m. Links weiter auf der Straße bis zu einer Linkskurve; dort gerade bergan durch eine Siedlung. Auf einem Feldweg leicht steigend durch Wiesen und Felder, bis wir neuerlich die Straße erreichen; auf ihr kurz rechts und nach 70 m links nach **Oberwinkel**, 731 m. Am Ortsende (Norden) auf den schräg links abzweigenden Güterweg, bei einer Kreuzung geradeaus, leicht ansteigend an einem Hof vorbei und durch Wald nach **Auedt** ❸, 800 m. Zuerst rechts, danach scharf links weiter (geradeaus Abstecher auf Nr. 162 zum Freilichtmuseum **Pelmberg**, 10 Min.; von dort auf Weg Nr. 18 zurück zum Hauptweg; ca. ¼ Std. länger). Im **Breitlüsserwald** vom Güterweg rechts auf einen Waldweg und zu einer Lichtung (Siedlung Hölzl), dann auf dem Weg erst gerade, später steil bergan nach **Althellmonsödt**. Auf der Straße links in

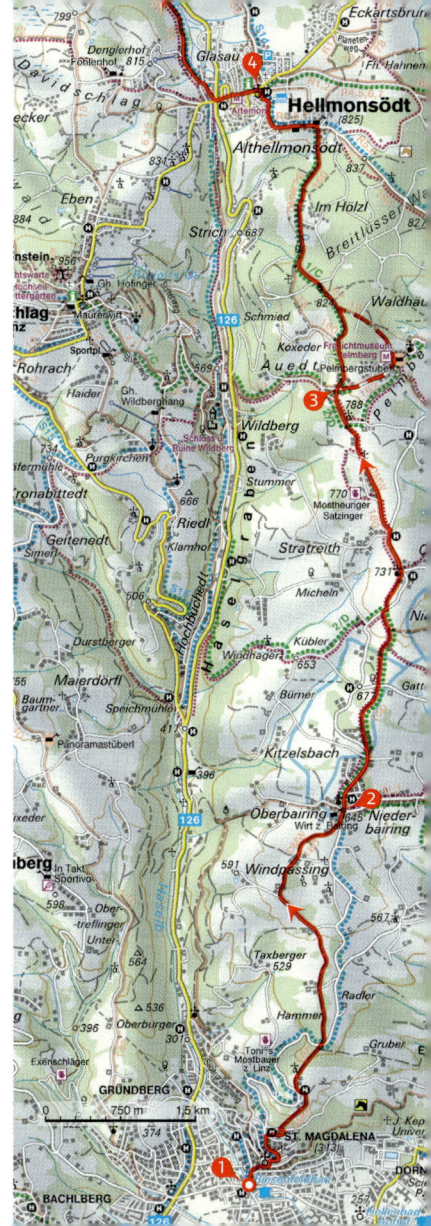

wenigen Minuten zum Marktplatz von **Hellmonsödt** ❹, 825 m. Am unteren Ende des Platzes rechts mit Nr. 12 auf dem steilen Marktberg, die Straße querend, hinab nach **Glasau**, 777 m (Passhöhe am Ende des steil zur Donau abfallenden Haselgrabens). Nach Querung der B 126 mit Nr. 70 schräg rechts zur alten Salzstraße; am Ende der Asphaltzufahrt beginnt auf dem fallenden Waldweg ein Vogellehrpfad. Von der **Pöllersmühle** (Gde. Sonnberg, 700 m, Kapelle, Bründl) gerade durch Wald hinab zur **Sturmmühle**, 637 m. Kurz dahinter wechseln wir von Nr. 70 rechts zur Kleinen Zwettler (Panorama-)Runde (rwr, R), kommen nach Querung der B 126 hinauf zum Hof **Sturm**, umrunden diesen und wandern links auf einem Feldweg fast eben zu einem Wohnhaus unterhalb von Rudersbach. Hier auf den Mittellandweg 150 und links durch Wald bergab. Unter dem Hof am Waldende queren wir geradeaus den Eisbach, dann geht es links durch eine Siedlung zur Linzer Straße und rechts über die Rodlbrücke zum Marktplatz von **Zwettl an der Rodl** ❺, 616 m, wo wir uns links Richtung Oberneukirchen wenden. Hinter dem Gemeindeamt rechts beim Pfarrheim an der Ringstraße mit Weg Nr. 34 auf einem Fußgängersteg über den **Distlbach** (Distl), dann taleinwärts und, die Distl neuerlich querend, zur **Stitzmühle**. Ein Wiesenweg bringt uns hinauf zu einem Bildstock an der früheren Straße Richtung Langzwettl. Hier mit Nr. 34 links zum Wald, durch diesen und am Waldrand entlang zu einer Wiese; auf dieser links kurz

164

bergab, dann wieder rechts (Querung eines Bächleins) und in den Wald. Am Waldende mündet links Nr. 30 ein. Der hier beginnende Güterweg **Schönau** ❻ bringt uns durch den Ort und bei einer Wegkreuzung gerade weiter auf Nr. 30 zu einem Löschteich, 702 m. Dort links zu zwei Höfen am Waldrand, wo der Weg rechts in den **Steinwald** biegt. Bei zwei Kreuzungen, 769 m, hält man sich erst links, 300 m da-

»Steinbloß«-Tradition im Mühlviertel: Bauernhof in Langzwettl bei Zwettl an der Rodl.

An klaren Tagen reicht der Blick bis zu den Nördlichen Kalkalpen.

nach rechts (Abstecher, 10 Min./bez., zu Schalensteinen und zur Steinsetzung, alten Kultstätten). Bald trifft man im Wald auf Weg Nr. 147 und auf das Wegenetz des Kurhauses, 730 m. Nr. 30/147 leiten an ihm vorbei hinab zum **Steinbach** (Freibad) und auf Ortsstraßen steil gerade hinauf, vorbei an Pfarrkirche und Schulmuseum, zum Stadtplatz von **Bad Leonfelden** ❼, 759 m. Vom Platz auf Weg Nr. 12 durch ein schmales Gässchen nordwärts nach **Rading** ❽, 760 m (Detailbeschreibung dieser Strecke vgl. Tour 26). Hier mit Nr. 12 weiter bergab zur Schwedenschanze und über den Grenzbach (neuer touristischer Grenzübergang Rading–Radvanov, kurzer Abstecher nach rechts zum südlichsten Punkt der Republik Tschechien).
Nun auf neu angelegten Wiesenwegen durch den entsiedelten Grenzstreifen des früheren Eisernen Vorhangs; zunächst etwas parallel zur Grenze, vorbei am aufgegebenen **Radvanov (Raifmass)**, dann nordwärts durch die Bachmulde des **Boršikovský potok**, 619 m, später durch das Gebiet eines weiteren verlassenen Orts (Bretterschlag) und über eine kleine Anhöhe und einen weiteren Bach zu den ersten Häusern von **Studánky (Kaltenbrunn)** ❾, 673 m.
Hier zuerst rechts auf einem Ortsweg und weiter 300 m auf der vom Grenzübergang Weigetschlag kommenden Staatsstraße. Kurz hinter der Kapelle in Studánky schwenken wir links auf einen Güterweg ein (grün bez., par-

allel dazu ist im Wald ein niedriger Buschwerksaum erkennbar, bis 1989 der Eiserne Vorhang mit Stacheldrahtverhau und Todesstreifen). Wir erreichen **Martinkov (Mardetschlag)** und **Mnichovice (Minichschlag)** ⑩, 740 m, wo es rechts auf der Straße weitergeht.

Nach 1 km gelangt man zum Parkplatz der nach 1989 reaktivierten Wallfahrtskapelle **Mariä Rast** (bei Hohenfurth). Kurz danach mit der gelben Markierung links von der Straße ab und auf romantischem Weg an den **St.-Wolfgang-Wasserfällen** vorbei über eine Brücke und entlang eines Wasserkanals zum Stift **Vyšší Brod (Hohenfurth)** ⑪, 571 m (Stiftsbesichtigung lohnenswert; ins Stadtzentrum mit Ghf. rechts auf der Straße 1 km nach Osten). Unterhalb des Klosters über die Straße Richtung Lipno, dann die **Moldau (Vltava)** und die Bahnlinie queren. Mit der roten Markierung bei der zweiten Abzweigung links, vorbei an einem ehemaligen Gutshof und rechts in den Wald, dann steil hinauf zum **Kravi hora (Kuhberg)** ⑫, 796 m (Abstecher zum Gipfel, links bez., 5 Min.). Auf einem Hochplateau scharf links, aus dem Wald und bei einem Wegkreuz, 690 m, zum Asphaltsträßchen; auf ihm rechts. Renovierte Bildstöcke

Stift Vyšší Brod (Hohenfurth).

erinnern an verschwundene Ortschaften (Oberschönhub, Sonnberg). Bei der Kapelle eines ehemaligen Hofs nach rechts über eine Weidefläche, bei Häusern mit Blick auf Schloss Rosenberg auf die Straße und auf ihr rechts bergab nach **Rožmberk (Rosenberg)** ⓭, 528 m, wo die Moldau überquert wird (Schlossbesichtigung lohnenswert) – die tschechische Markierung (rot) führt auf dem Güterweg nach Přízeř und rechts bergab nach Rožmberk (Variante, 0,7 km länger, auf Asphalt).

Gleich nach der Brücke mit dem Wegweiser Richtung Rožmital (blau bez.), erst Richtung Schloss, dann durch Wald steil bergauf. Nach einem Wasserspeicher führt der Weg im Wald durch einen Hohlweg hinab nach **Rožmital (Rosenthal)** ⓮, 625 m. Auf wenig befahrener Straße nordwärts nach **Močerády (Muscherad)** und stetig ansteigend zum höchsten Punkt der Wanderung bei **Zahrádka (Haag)** ⓯, 856 m. Mit der blauen Markierung scharf links zum Wald, dann leicht bergab nach **Silniční Domky (Straßenhäusl)** und gerade auf der Straße nach **Zahořanky (Kaltenbirken)**. Eine Doppelkehre der Straße abkürzend kommen wir, wieder auf der Straße, nach **Přídolí (Priethal)** ⓰, 670 m. Am oberen Platzende mit der blauen Markierung erst links, 100 m danach rechts und erneut auf der Straße bis Drahoslavice (Troschelhof). Auf schönem Weg durch Wald und Wiesen weiter zum **Křížovy vrch (Kreuzberg bei Krumau)** ⓱, 610 m, und hinab nach **Český Krumlov (Böhmisch Krumau)** ⓲.

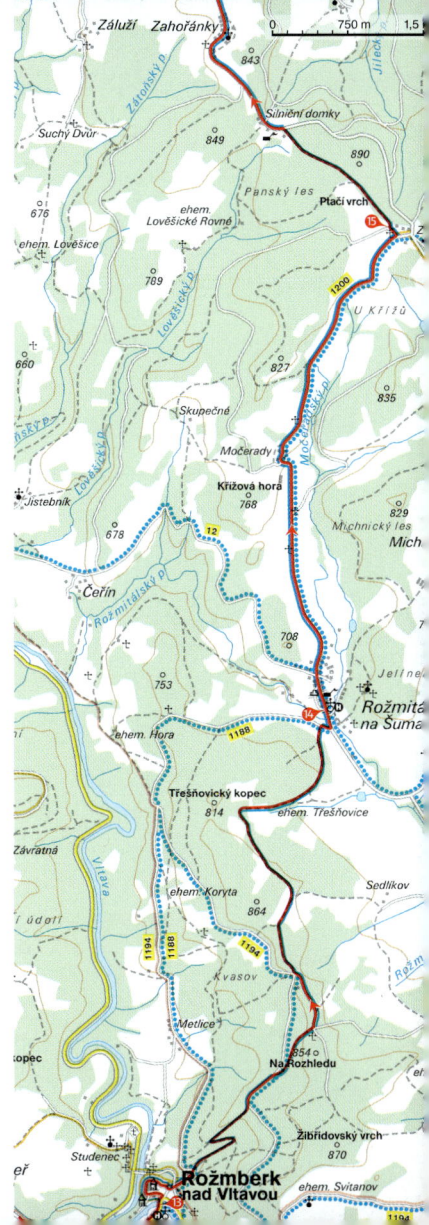

Durch den Stadtteil Horní Brána zur Staatsstraße (auf ihr 500 m rechts der Busbahnhof), nach deren Querung durch die Obere Gasse (Horní ulice) in die Altstadt und vorbei an der Pfarrkirche zum Stadtplatz, unserem Endpunkt des Donau-Moldau-Wegs.

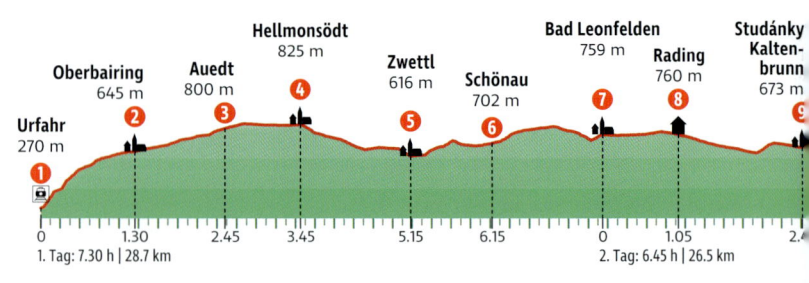

1. Tag: 7.30 h | 28.7 km 2. Tag: 6.45 h | 26.5 km

Das südböhmische Stadtjuwel Krumau (Český Krumlov), vom Kreuzberg gesehen.

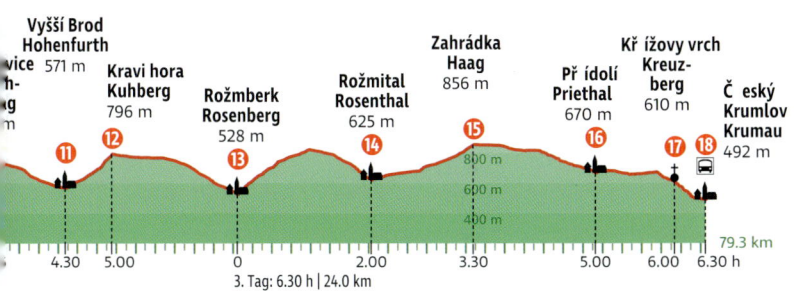

STICHWORTVERZEICHNIS

A
Afiesl 72
Ägidikircherl 97
Ahorn 80
Aigen im Mühlkreis 56, 58
Alberndorf 102
Altenfelden 36
Aschach an der Donau 75
Au 36
Auedt 163

B
Bachschmied 65
Bad Kreuzen 154
Bad Leonfelden 104, 162, 167
Bad Mühllacken 75
Bad Zell 140, 146
Bärenstein 59
Baumgartenberg 25
Baumgartner 94, 137
Bayerische Au 59
Bienenerlebnisweg 87
Bleicherbachtal 92
Böhmertor 120
Böhmerwaldkamm 52
Braunberghütte 117, 118
Breitenstein 90
Brockenberg 132
Bruckhäuseln 57
Bründlstein 45
Buchberg 117
Bucklwehluck'n 148
Burgruine Reichenstein 112
Burgstall 158

C
Český Krumlov (Krumau) 162, 169
Četviny (Zettwing) 127
Clam (Burg) 154

D
Daxleitner 96
Dietrichschlag 84
Dimbach 160
Distlbach 164
Distltal 86
Donau 34, 75
Donau-Moldau-Weg 162

Donausteig 14, 33, 37, 76, 154, 160
Dorf bei Neustift 32
Dorf bei St. Peter 68
Dornach (Ruine) 117
Dornmühle 121
Drahoslavice (Troschelhof) 169
Dreieckmark 49
Dreiegg 82, 101
Dreiländereck 131
Dreisesselberghaus 49
Dreisesselfels 50

E
Ebenmühle 64
Edlbruck 125
Edlmühle 82
Eibenstein 106
Eidenberg 94
Eidenberger Alm 93
Einsiedlermauer 158
Elmegg 84
Ennsedt 136
Eschernhof 45

F
Falkenstein 34
Feldaist 112, 128
Fleischhackerberg 52
Forstedt 32
Freistadt 106, 120, 122, 124
Freiwald 126, 130, 132
Furtmühle 60

G
Gallneukirchen 102
Gattergassling 61
Gerling 75
Gis 90, 93
Giselawarte 90
Glasau 98, 164
Glashütten 49
Gobelwarte 157
Gottsdorf 32
Grafenau 37
Gramastetten 93
Grein an der Donau 154
Grenzsteig 106
Grenzstein I/10 50, 55

Großdöllnerhof 150
Große Gusen 98
Große Mühl 56, 62, 65
Große Naarn 146
Große Rodl 84, 95, 98, 104
Großtraberg 80
Grünbach 121
Gründberg 93
Grüneislfelsen 52
Grünwald 58
Gstocket 61
Gutau 134
Guttenbrunn 108

H
Hagenberg 112
Haichenbach (Ruine) 37
Hammern 126
Hansberg 65, 78
Haselgrabenbach 21
Haslach 60
Heidenstein 106
Heinrichschlag 128
Helfenberg 72
Helfenberger Hütte 72
Hellmonsödt 98, 164
Herndlsberg 100
Herrgottsitz 140
Hiltschen 125
Hirschbach 108
Hirtstein 108
Hochbuchetfels 59
Hochficht 52
Hochstein 50
Hofkirchen im Mühlkreis 36
Hohenfurth 25
Hohenstein 97
Holzmühle 118
Holzschlag 52
Holzwinden 97
Hubertuskapelle 128

I
Iglbach 65
Iglmühle 69

J
Jankusmauer 139
Jaunitztal 123

K

Kalvarienberg 108, 123
Kammerer 139
Kaplice-Nadraži (Kaplitz) 162
Karlstift 130
Kasten 70
Kefermarkt 116
Kerschbaum 124
Kerschbaumerschlössl 37
Kerzenstein 76
Kirchschlag bei Linz 90
Klaffer 52
Klam 154
Klammerkapelle 159
Klammleitenbach 144
Klamschlucht 154
Klausteich 21
Kleine Gusen 109, 114
Kleine Mühl 44
Kleine Rodl 78
Kleinzell 62
Köckendorf 74
Kollerschlag 44
Königswiesen 144
Kravi hora (Kuhberg) 168
Kreuzberg 121
Kreuzen (Burg) 154
Kriehmühle 110
Krizovy vrch (Kreuzberg bei Krummau) 169
Kuchlmühle 151
Kühstein 44
Kumpfmühle 113
Kürnberg 20

L

Langenbach 160
Lasberg 116
Lehnerberg 133
Lembach 36, 40
Leopoldschlag Dorf 124
Leopoldschlag Markt 124
Lichtenau 121
Lichtenberg 90, 94
Lichtmeßberg 80
Liebenau 132
Liebenstein 138
Liebesfelsen 59
Linz 96, 162
Linz-Urfahr 93, 162
Lobenstein (Burg) 84
Lorenzmühle 106
Lutzenkreuz 42

M

Mairspindt 126
Maltsch 126
Mardetschlag 126
Mariä Bründl (bei Putzleinsdorf) 41
Mariä Bründl im Exenholz 118
Mariä Rast (bei Hohenfurth) 168
Mariä Rast (Waldkapelle bei Helfenberg) 74
Marsbach (Schloss) 36
Martinkov (Mardetschlag) 168
Meisingerödt 45
Mnichovice (Minichschlag) 168
Močerády (Muscherad) 169
Moldaustausee 59
Moldau (Vltava) 168
Mönchdorf 146
Mönchstein 135
Morau 61
Mühlberg 92
Mühlenweg 106
Münzbach bei Perg 151

N

Naarn 148
Neudorf 71
Neufelden 62
Neuhaus (Schloss) 64
Neumarkt im Mühlkreis 114
Neumühle 86
Neustift bei Liebenau 132
Neustift im Mühlkreis 32
Niederkappel 36
Niederranna 32
Niederwaldkirchen 65
Nordwald 20
Nordwaldkamm 104
Nordwaldkammweg 50, 61

O

Oberbairing 163
Obere Posthöf 129
Oberhaag 58
Oberkappel 21
Oberlandshaag 75
Oberneukirchen 82
Obernzell 32
Oberrauchenödt 128
Oberschwarzenberg 49
Oberwaldschlag 81
Oberweberberger 141
Oberzeurz 102
Ödenkirchen 56
Ölbergkirchlein 86
Ottenschlag 98, 102
Ottensheim 90

P

Panyhaus 58
Partenstein 64
Pehersdorf 65, 141
Peilstein 44, 46
Pelmberg 163
Perg 151
Pesenbachschlucht 75
Petersberg 68
Pfaffendorf 115
Pfaffetschlag 52
Pfarrkirchen im Mühlkreis 40
Pfenningberggipfel 97
Pferdeeisenbahn 114, 124
Piberstein (Burg) 81
Pieberschlag 126
Pierbach 146
Plenkerberg 150
Plesching 96
Plöckenstein 49
Plöckensteiner See 50
Plöcking 62
Pöllersmühle 84, 164
Prälatensteig 77
Pramhöf 125
Prandegg (Ruine) 140
Predigtberg 136
Pregarten 110, 112, 140, 146
Přídolí (Priethal) 169
Pühret 32
Pulgarn 96
Pürnstein 65
Putzleinsdorf 40

173

R
Rading 104, 167
Radvanov (Raifmass) 167
Rainbach im Mühlkreis 124
Ramersberg 63
Ranna 32
Rannatal 32
Rechberg bei Perg 148
Reichenau (Burg) 99
Reichenau im Mühlkreis 98
Reichenstein 110, 112
Reichenthal 106
Reischlberg 54
Reith 136
Riedlhammer 135
Rijištje 49
Roadlberg 102
Rodltalrunde 82
Rohrach 90
Rohrbach 11, 56, 100
Rosenhof (Schloss) 130
Rottenegg 93
Rožmberk (Rosenberg) 169
Rožmital (Rosenthal) 169
Rudersbach 82
Ruine Pürnstein 66
Ruine Windhaag 152
Ruttenstein (Ruine) 146
Rutzersdorf 44

S
Salnau 52
Sandl 130, 132
Sarleinsbach 44
Sauwald 20
Saxen 154
Schallenberg 80
Schallenburg 64
Schauerschlag 82
Schenkenfelden 108
Schermühle 115
Schiefermühle 79
Schlägl 56
Schlägler Chorherren 56
Schlögener Donauschlinge 20
Schloßberg 160
Schönau bei Bad Leonfelden 82, 165
Schönau im Mühlkreis 140
Schönberg 130
Schönbergfelsen 54
Schöneben 52
Schönegg 74
Schöpflberg 133
Schwackerreith 60
Schwaighof 136
Schwammerling 148
Schwammerlstein 150
Schwarzau 103
Schwarze Aist 138
Schwarze Kuchl 62
Schwarzenberg im Mühlkreis 49
Schwarzenberg-Schwemmkanal 59, 60
Schwedenschanze 58, 167
Siegelsdorf 117
Silniční Domky (Straßenhäusl) 169
Sonnberg bei Freistadt 123
Sonnberg im Mühlkreis 82, 98
Sonnenwald 53
Speckalm 154
Spielleiten 61
Stallmühle 67
Stampfenbach 134
Steinbach 65
Steinbruch 66
Steinbruckmühle 148
Steinerne Mühl 70
Steinernes Meer 50
Sterngartl 82
Sterngartlaussicht 99
Sterngartl (Golfplatz) 87
Sternstein 104
Steyregg 96
St. Georgen 158
Stift Schlägl 56
Stiftungsberg 119
Stinglfelsen 52
St. Johann am Wimberg 65
St. Leonhard bei Freistadt 134, 138
St. Magdalena 162
St. Michael bei Oberrauchenödt 128
Stoaninger Alm 140
St. Oswald bei Freistadt 118
St. Oswald bei Haslach 61
St. Peter am Wimberg 60, 65
St. Peter bei Freistadt 122
Stroblmühle 115
Strudengau 20
St. Stefan am Walde 72
St. Thomas am Blasenstein 148
Studánky (Kaltenbrunn) 167
Studničná (Brunnauberg) 55
St. Valentin 11
St. Veit im Mühlkreis 60, 78
Summerau 11, 162

T
Tannermoor 133
Teufelsmauer 111
Teufelsschüssel 50
Thurytal 120
Tokaniště 54
Trenda 129

U
Ulrichsberg 49, 52, 56
Unterafiesl 73
Untergeng 88
Unterkagerer 71
Untermühl 62
Unternberg 62
Unterpaßberg 125
Unterurasch 60
Unterweißenbach 144
Unterweitersdorf 114

V
Viehberg 20
Vyšší Brod (Hohenfurth) 168

W
Wahlmühle 139
Waldaist 112, 134
Waldandacht bei Freistadt 123

Waldburg 108
Waldhausen 160
Wartberg ob der Aist 110
Waxenberg 78, 80
Waxenberg (Ruine) 78, 80
Weberland 70
Weigetschlag 105
Weikersdorf 39
Weinberg (Schloss) 116
Weiße Aist 138
Weitersfelden 138
Wenzelskirche 110
Wesenufer 32
Wienau 139
Wildberg bei Unterweißenbach 144
Wilhering 25
Wimbergrücken 65, 78
Windhaag bei Freistadt 126
Windhaag bei Perg 151
Wintermühle 113
Wintersdorf 102
Wirth 99
Wolfgangkapelle 89
Wolfgrub 143
Wolfsschlucht 154

Z

Zahořanky (Kaltenbirken) 169
Zahrádka (Haag) 169
Zeitlhof 159
Zollhaus 59
Zvonková (Glöckelberg) 53
Zwettl an der Rodl 98, 164
Zwettlbach 60

Umschlagbild: Typische Mühlviertler Dreiseithöfe im denkmalgeschützten Ensemble des Bauerndorfs Ottenschlag (siehe Tour 24).

Bild im Innentitel: Im Mühlviertel drehen sich noch viele Mühlräder.

Bild S. 2: Linzer Tor in Freistadt (siehe Tour 35).

Bild S. 30/31: Blick auf St. Georgen am Walde (siehe Tour 49).

Alle Fotos vom Autor.

Kartografie:
56 Wanderkärtchen im Maßstab 1:50.000 / 1:75.000
sowie 2 Übersichtskärtchen im Maßstab 1:500.000 und 1:1.000.000
© Freytag & Berndt, Wien

Die Ausarbeitung aller in diesem Führer beschriebenen Wanderungen erfolgte nach bestem Wissen und Gewissen des Autors. Die Benützung dieses Führers geschieht auf eigenes Risiko. Soweit gesetzlich zulässig, wird eine Haftung für etwaige Unfälle und Schäden jeder Art aus keinem Rechtsgrund übernommen.

5., vollständig neu bearbeitete Auflage 2022
© Bergverlag Rother GmbH, München
ISBN 978-3-7633-4283-9

Wir freuen uns über jeden Korrekturhinweis zu diesem Wanderführer!
Bitte per E-Mail an: leserzuschrift@rother.de

ROTHER BERGVERLAG · Keltenring 17 · D-82041 Oberhaching
Tel. +49 89 608669-0 · www.rother.de